Il était une fois
à l'Ouest

à Patricia

Il était une fois à l'Ouest

Nantes et Saint-Nazaire sous les projecteurs

Antoine Rabaste

COIFFARD
LIBRAIRE
ÉDITEUR

PROGRAMME

Photo ©Thierry Weber

CLAP À L'OUEST !

À l'Ouest, il y a toujours quelque chose de nouveau. Et depuis longtemps. Prolifique, Jules Verne imagine des voyages extraordinaires, du centre de la Terre jusqu'à la Lune, autour du monde, en ballon et en quatre-vingts jours chrono. Imagination féconde, anticipation visionnaire et innovation créatrice : une trilogie à succès ! À 11 ans, l'auteur de *Michel Strogoff* se serait engagé comme mousse sur un bateau en partance pour les Indes, dans l'intention de... rapporter à sa cousine un collier de corail. Il aurait juré à son père, qui le rattrape *in extremis* sur le port de Paimbœuf, de ne plus voyager qu'en rêve. Enfin quelqu'un qui tient ses promesses ! Avec Jules Verne, sa ville natale (Nantes, faut-il le rappeler ?) et l'estuaire de la Loire ont l'un de leurs plus prestigieux ambassadeurs. Mouvement inverse, en direction de l'estuaire cette fois-là, avec deux autres précurseurs inventifs, Louis et Auguste Lumière, qui font le voyage à Nantes dès 1897, afin d'organiser avec la Société nantaise de photographie l'une des premières projections cinématographiques de France. Les deux frères mettent d'emblée en lumière... la magie des images animées, éclairant le monde sous un nouveau jour. Pulvérisant le record de Phileas Fogg, leur nouvelle machine technico-scientifique fera le tour du monde en moins de quatre-vingts jours. Ne s'attardant guère sur l'île de Nantes, elle franchit très vite les océans, traverse les cinq continents. Une métamorphose et la naissance d'un art, le n° 7.

Ensuite vient le hasard, peut-être surréaliste, d'une rencontre entre deux destins. Celui de romans d'anticipation et de science-fiction qui sont autant de scénarios en puissance et celui d'une machine devenue un art, inventée par deux frères au nom prédestiné. L'estuaire et ses deux villes... phares ont, depuis Jules Verne et les frères Lumière, donné naissance à de nombreux films. Imaginaire, estuaire, ambiances portuaires : une rime riche, mais pas seulement, autant d'occasions de placer ce territoire de l'Ouest sous le feu des projecteurs.

Environ quatre-vingts longs métrages tournés en Loire-Atlantique ou comment faire le tour de l'estuaire en quatre-vingts films. Décors naturels et « motifs » visuels, au sens pictural du terme, empruntés au grand estuaire qui se dessine entre Nantes et Saint-Nazaire. Le cinéma, depuis toujours fasciné par les espaces portuaires, s'est emparé de cette mine, digne du roi Salomon (*Les Mines du roi Salomon* [1950] étant par ailleurs un film de Compton Bennett, réalisateur de *Commando sur Saint-Nazaire* [1952]... le hasard, décidément). Ce gisement de matières précieuses entre terre et mer et la proximité de l'océan et de la ville sont la promesse d'horizons lointains. Lumières marines exceptionnelles, lieux interlopes, nouveaux départs : le premier jour du reste d'une nouvelle vie. Lieu de transit, de mouvements et de rythmes, d'entrecroisements et d'aventures, le port bénéficie de toutes ces énergies : le cinéma ne pouvait que puiser dans ces eaux profondes de l'inspiration. Combien de cinéastes ont déclaré leur flamme à ces univers maritimes ? On pense aux grands classiques – *Le Quai des brumes*, tourné au Havre en 1929 – mais aussi au premier film d'Agnès Varda tourné un peu plus au Sud, dans un port – Sète –, *La Pointe courte* (1954). Avec Philippe Noiret dans son premier rôle. C'est à Sète (!) d'ailleurs, à l'occasion de la présentation de ce film, que j'ai eu l'occasion de rencontrer Agnès Varda. Cette rencontre avec celle qui commença sa carrière de cinéaste par la photographie a « déclenché » en moi, Havrais, des envies de cinéma. Qui m'ont amené, quelques années plus tard, à faire un livre sur ma ville natale et néanmoins port d'attache, Le Havre, vue par les cinéastes (*L.H. Confidential Le Havre fait son cinéma*, Éditions Magellan, 2011). Très attaché également à l'Ouest, pour avoir passé les étés de mon enfance à Saint-Jean-de-Monts et à Tiffauges, et arpenté les sentiers de Nantes à Montaigu... ! j'ai récidivé et poursuivi l'aventure cinématographico-livresque avec Nantes et Saint-Nazaire. En toute modestie, sans prétendre tutoyer Jules, Louis ou Auguste !

Pour les scénaristes, le potentiel narratif de la ville portuaire est immense. Cosmopolites par essence, les ports sont un mélange de langues, de races et de cultures. Dans ce terreau créatif, s'épanouissent des thèmes récurrents que l'on retrouve de film en film, petits ou grands. On est captivé par la force des lieux : du port mal famé à la haute mer et au grand large, on se trouve ébloui par la puissance évocatrice des éléments naturels. Furie d'une tempête, lumière impressionniste d'un petit matin au port ou solitude du grand large.

À travers quelque 300 photos, dont certaines inédites, *Il était une fois à l'Ouest* se veut un hommage au charme des villes de Nantes et de Saint-Nazaire plutôt qu'un ouvrage de cinéphile. Hommage aussi aux amoureux du cinéma : Alain-Pierre Daguin, auteur avec son complice Yves Aumont d'un beau livre au titre judicieux, *Les Lumières de la ville* (L'Atalante Éditions, 1995), ouvre pour nous son coffre-fort d'anecdotes croustillantes, collectées au fil des trente dernières années ; Yannick Pasquet, dont les *Nuits américaines* (Éditions Amalthée, 2013) content la merveilleuse aventure du festival de Bonne Garde et les rencontres magiques avec de grands hommes du cinéma. Sans oublier, bien sûr, l'hommage à tous ceux qui m'ont aidé à récolter cette moisson d'images du cinéma local, mondial pour certains films devenus des classiques, comme *Les Vacances de Monsieur Hulot* de Jacques Tati : réalisateurs et gens de cinéma, journalistes et photographes, Nantais et Nazairiens dont les cinéastes vantent l'accueil chaleureux et le tempérament !

Au-delà des apparences, hors champ et en voix off, que retenir du passage de l'estuaire devant la caméra ? Quelles sont les images qui restent imprimées sur la pellicule de notre mémoire collective ? Pourrons-nous distinguer une identité régionale liée à la puissance évocatrice de l'estuaire ? Comment des réalisateurs aussi différents que Jacques Demy, Jacques Tati et Jean-Loup Hubert ont-ils définitivement marqué de leur empreinte le charme des cités portuaires ? C'est avec légèreté, au fil d'une quinzaine de thèmes réunis autour d'un siècle de cinéma et par le prisme d'images fortes et suggestives, que le lecteur saura trouver sa propre voie... maritime bien sûr, le cœur battant, à 24 images/seconde !

À l'Ouest, il était une fois le cinéma.

Antoine Rabaste

Les Trois Mousquetaires. Version muette (1921) ou parlante (1932). D'Artagnan (Aimé Simon-Girard) et Athos (Henri Rollan) sont interprétés par les mêmes comédiens à onze années d'intervalle.

Lieux de tournage : Le Croisic, Guérande, Saillé, Batz-sur-Mer, Locronan. Et en studio !

La Belle Époque

1

Ah ! La Belle Époque... Sait-on qu'elle se situe entre 1900 et 1914 ? Certains en ont une vision très personnelle : « *La Belle Époque c'est maintenant. Une époque où la moindre des choses vaut beaucoup d'argent et où beaucoup d'argent ne vaut pas grand-chose !* » (Pierre Dac, 1893-1975)

À la Belle Époque, donc, juste avant la Première Guerre mondiale, le cinéma n'est pas encore le 7e art tel qu'on l'entend aujourd'hui. À l'origine, ce qui s'appelle encore cinématographe est une nouvelle invention, dont les frères Lumière déposent le brevet le 13 février 1895. Le « kinétoscope de projection » ne devient cinématographe que trois mois plus tard, en mai. Et la première projection publique payante du cinématographe Lumière a lieu le 28 décembre 1895 dans le Salon indien du Grand Café, à Paris devant... trente-trois spectateurs. L'invention scientifique cède ensuite la place à un spectacle fortement inspiré du théâtre, avant de devenir un véritable divertissement. Le spectacle peut commencer !

Avant *Jules et Jim*, Jules, Louis et Auguste

Les Nantais sont des précurseurs : avant même la première apparition du cinématographe *Lumière* dans leur ville, le 13 juin 1896, des dispositifs permettant de projeter des images animées sont proposés au public. Ainsi, le 22 septembre 1895, le *Cosmorama* mouvant de monsieur Cuvelier est inauguré au n° 6 de la rue Jean-Jacques Rousseau, dans la maison d'enfance de Jules Verne (heureux hasard – prémonitoire – objectif cher aux surréalistes). L'appareil utilise un système de lentilles qui donnent du relief aux photos. La première projection cinématographique a lieu quelques mois plus tard, le 28 avril 1896, au café Riche, mais elle est écourtée : l'appareil explose, provoquant un début d'incendie. Sans effets spéciaux ni trucages... Avec cette première projection publique, Nantes fait figure de pionnière : dans la plupart des autres villes le cinéma est découvert par le public dans les fêtes foraines. Le 21 mai 1896, c'est l'ouverture de la première salle de cinéma temporaire, le *Chapeau-Rouge*.

Guerre des étoiles

Juin 1896 - mai 1897, c'est l'*An 1* du cinéma à Nantes : un développement disparate, des lieux de projection occasionnels, pas de salles permanentes, Chapeau-Rouge excepté. Le succès est au rendez-vous, sans plus : on est loin d'une révolution artistique. La première utilisation officielle du cinématographe Lumière a lieu le 13 juin 1896 : réservée à la presse et à quelques *happy few*, une séance de projection est organisée sous le haut patronage de la Société nantaise de photographie. L'enthousiasme n'est pas flagrant :

1908. *L'American Cosmograph* (Nantes) investit une ancienne chapelle des Carmélites datant du XVIIe siècle.

qualité médiocre, impression de déjà vu (la projection salle du *Chapeau-Rouge* a eu lieu moins d'un mois auparavant).

Le grand public, lui, découvre le cinématographe dans les fêtes foraines de la ville pendant l'hiver 1896. À l'époque (qui devra patienter encore quatre ans avant d'être belle), chez les forains, c'est la guerre des étoiles. La concurrence fait rage, loi du marché oblige : les foires sont nombreuses, pour sortir du lot et attirer le client, les forains sont contraints à l'innovation. Innover ou disparaître... Ils s'emparent donc avidement des nouveautés scientifiques qui deviennent autant d'armes sous le statut d'attractions... « ex-tra-ordi-naires, Mesda-mes z'et Mes-sieurs ! » Insolites, curieuses, surprenantes, les munitions de cet arsenal fin de siècle portent des noms aux étranges consonances : rayons X, radium, mutoscopes et... cinématographe.

Quelques initiatives locales surgissent par ailleurs, « hors champs » : la nouvelle attraction investit le café Continental en juillet 1896, le Sans-Pareil, rue du Calvaire, en mai 1897 et, au début de la même année, le magasin de photographie d'un certain M. Petit Renaud. André Malraux disait que le cinéma est un art et une industrie (pour l'aspect financier de la fabrication d'un film). Durant la première année d'existence du cinématographe, c'est le risque d'accident industriel lié à l'art naissant qui prévaut. Le 4 mai 1897, une démonstration de la nouvelle invention a lieu au Bazar de la Charité, situé rue Jean-Goujon à Paris. Une imprudence dans la manipulation de l'appareil provoque un incendie qui fait cent quarante victimes. La catastrophe marque profondément les esprits. Une chapelle est érigée sur les lieux et l'association Mémorial Bazar de la Charité, qui regroupe les familles des victimes, est encore active plus de cent ans après ce drame, à l'origine de la législation sur les salles de spectacles. Conséquences immédiates : fondu au noir pour le cinématographe nantais, qui disparaît plusieurs mois, jusqu'à la foire de l'hiver 1897-1898.

Cinématographe, le retour : une nouvelle ère commence à la fin de 1897 et, jusqu'en 1914, le cinéma envahit pacifiquement les foires nantaises, façon *blockbuster*. Les affaires reprennent chez les forains nantais, exploitants avant l'heure. L'engouement des Nantais pour les images animées est une spécificité de la ville. Ailleurs, le cinéma forain décline rapidement.

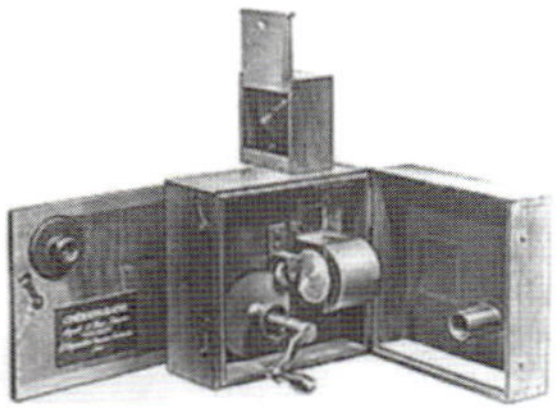

Un Américain à Nantes

À partir de 1908, à la faveur du système de location de films mis en place par la société Pathé, des salles permanentes font leur apparition. Le succès est au rendez-vous, les Nantais réservant un accueil enthousiaste à ces premiers films artistiques. Le théâtre *Apollo* abrite l'une de ces salles permanentes. Bon pied (de projecteur) bon œil, la doyenne des salles « *perm'à Nantes* » de cinéma (comme chanterait le marin des *Demoiselles de Rochefort)* est toujours en activité rue des Carmélites, dans le quartier Saint-Pierre : Le *Cinématographe*, anciennement *American Cosmograph*, a plus de 100 ans.

Ci-contre :
Le cinématographe de Louis et Auguste Lumière. En 1895, l'un des premiers appareils servait à la fois pour le tournage et la projection : deux en un !

Avec la diversification des lieux de projection, la guerre commerciale s'intensifie. Il faut se démarquer pour attirer les spectateurs. Autres temps, mêmes mœurs : les professionnels du cinéma du XXIe siècle se confrontent à la même problématique. L'imagi-

Le convoi du cinéma ambulant de Salomon Kétorza, personnalité du monde forain qui ouvrit une salle permanente… à Nantes ! *Le Katorza*. Le nom serait un mélange : patronyme de celui qui fut l'un des premiers exploitants + 14, nombre de wagons nécessaires au transport de son cinéma. *« Nous sommes dans l'Ouest ici. Quand la légende dépasse la réalité, on publie la légende. » L'Homme qui tua Liberty Valance* de John Ford (1961). Le *Katorza* existe toujours, ce n'est pas une légende…

nation devient le nerf de la lutte ! Les méthodes de mercatique, futur marketing, font florès, par exemple avec des recherches très poussées sur le nom de la marque : lentielectroplasticromomimocoliserpentographe ! Forains et directeurs de salles permanentes intègrent les évolutions techniques pour améliorer la qualité des projections. La couleur balbutie : coloriage du film à la main (Jacques Demy fera de même pas si longtemps après) ; kinémacolor, procédé inventé en 1907, qui permet de traiter la pellicule en images vertes et rouges. Le son, lui aussi, fait ses premiers pas grâce au gramophone ou, pour les grandes salles, avec un orchestre.

Dès 1908, le succès des salles permanentes se fait au détriment des deux autres lieux de projection, salles temporaires et fêtes foraines. Là encore, les recettes d'antan sont toujours en vigueur. Les salles permanentes sont confortablement aménagées, leur décoration soignée. La qualité de la projection s'améliore et des services supplémentaires viennent enrichir l'offre proposée au public : de nouvelles attractions – numéros de music-hall, galas, concerts de musique classique – complètent parfois la séance de cinéma. Certaines salles, comme l'*Omnia Dobrée*, sélectionnent même leur clientèle ! Préfiguration des clubs privés appréciés des professionnels du marketing pour leur efficacité commerciale : *What else ?* Parfois, profitant de l'entracte, les artistes se glissent devant l'écran pour exécuter leur numéro, une pratique qui perdure jusque dans les années 1960. Tout est fait pour fidéliser la clientèle.

À droite :
Ancêtre des salles polyvalentes, le théâtre *Apollo* (Nantes) accueille aussi des spectacles de music-hall et des projections de films. Devenu cinéma à part entière, il est détruit par un incendie en 1921 et aussitôt reconstruit.

Une étoile est née

À cette époque devenue belle avec les années, les cinémas projettent des milliers de films très variés. Documentaires, drames et comédies ont cependant un point commun, leur durée : une minute environ ! Chaque séance est un festival de films très courts aux genres différents. La programmation change chaque semaine. L'histoire ne dit pas si c'était, déjà, le mercredi. Documentaires réalistes préfigurant le reportage, actualités locales, féeries fabriquées de toutes pièces grâce aux trucages et, genre le plus populaire, les films comiques ! Dès 1908, ces petits films prennent une dimension artistique. Les documentaires sont utilisés comme outils pédagogiques dans les écoles, pour la vulgarisation scientifique et les sujets instructifs.

C'est durant cette période que les noms des acteurs et des réalisateurs apparaissent sur les affiches. La programmation variée est destinée à satisfaire le plus grand nombre de spectateurs, toutes catégories sociales confondues. La place étant à un prix très abordable, le succès du cinéma est celui d'un art populaire. Les entrepreneurs surfent sur la mode, mettant au point appareils de poche ou à usage des particuliers, qui peuvent ainsi se faire des projections privées à la maison. Le *home cinema* de la Belle Époque, en quelque sorte.

Ci-contre :
L'un des premiers prototypes du cinématographe des frères Lumière.

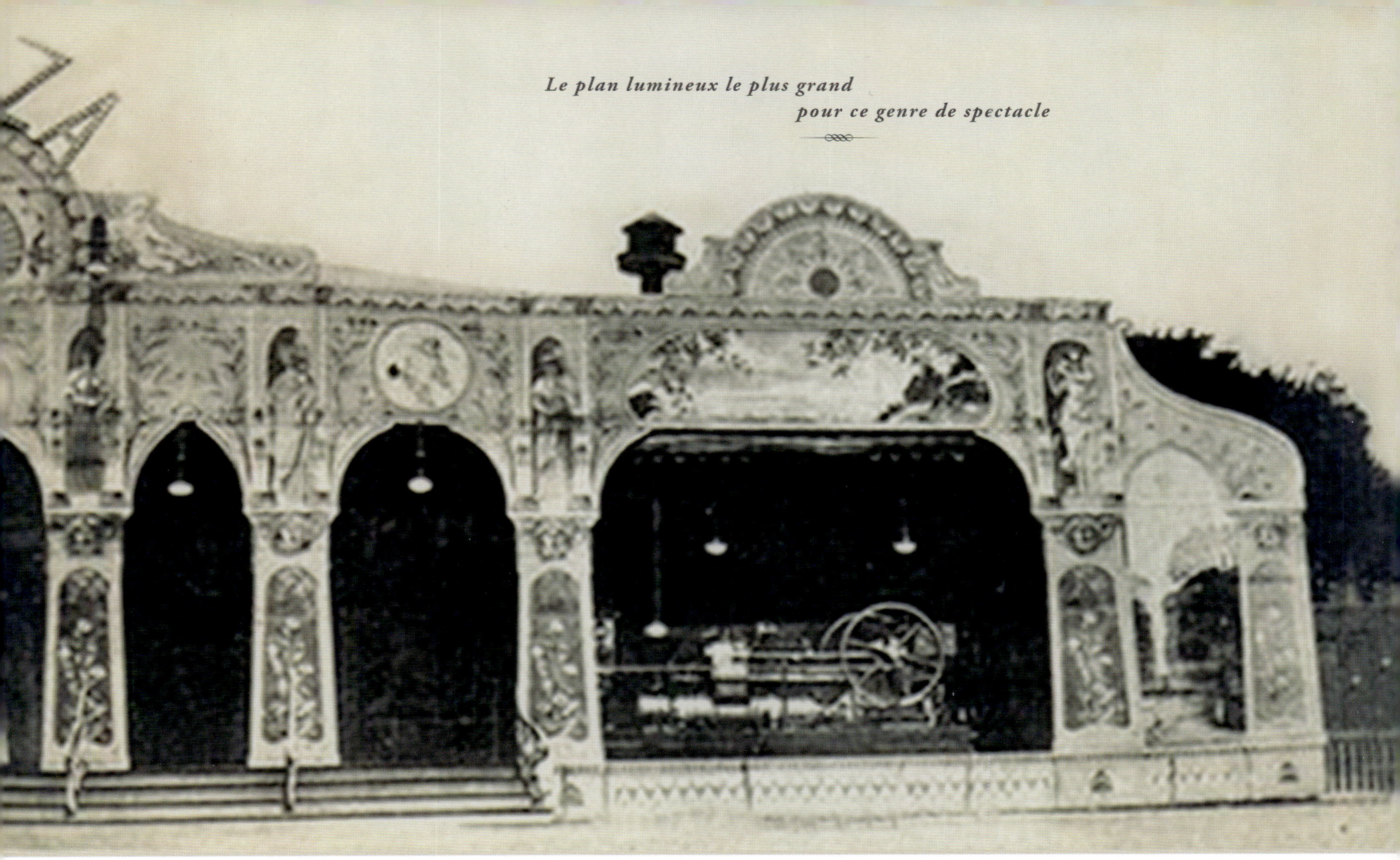

Le succès du cinéma s'accompagne du développement de la publicité, la réclame : les commerçants offrent des places à leurs clients à partir d'un certain montant d'achats. La presse cherche, déjà, à augmenter ses ventes en proposant des bons de réductions. Même l'Église succombe à la tentation cinématographique en diffusant des conférences dans les salles de cinéma.

Quand la Belle Époque disparaît dans une Europe mise à feu et à sang par le premier conflit mondial, le succès du cinéma est bien établi : les Nantais l'ont essayé, et adopté ! Figure emblématique de cette réussite, Salomon Kétorza, personnalité très estimée qui débute dans le théâtre forain avant de devenir rapidement l'un des principaux acteurs de la diffusion du cinéma en France et plus particulièrement à Nantes. C'est à Nantes qu'il ouvre son cinéma, pendant la Première Guerre mondiale. Il est d'abord locataire de l'*Apollo*, achète ensuite l'*Élysée-Graslin* (rue Corneille) qui devient célèbre sous le nom de *Katorza*, clin d'œil au patronyme du fondateur et possible référence aux quatorze wagons autrefois utilisés par l'ancien forain pour transporter le matériel necessaire à son cinématographe ambulant, le plus grand de toutes les foires de Nantes.

Aujourd'hui, le souvenir de Salomon Kétorza perdure avec l'actuelle salle du *Katorza* et pour le cinéma, malgré les crises, c'est reparti comme en 14 !

Ci-dessus et double page précédente :
Jean Chouan (1926) avec Maurice Schutz dans le rôle titre et Elmire Vautier (la Marquise de Thorigné).
Lieux de tournage : Nantes, château des Ducs de Bretagne et Noirmoutier.

Hardi Pardaillan ! (1961) avec Gérard Barray (Pardaillan), Valérie Lagrange (Bianca Farnèse).
Lieux de tournage : château de la Bretesche, Missillac.

Page suivante : Plein soleil... Avant d'entrer dans la salle obscure ?
Les enfants des familles Besnier, Aniot, Guillotereau, Nicaud et Grivaud dans la cour du cinéma l'*Artistic*, Pont-Rousseau à Rezé, vers 1930.

Les Trois Mousquetaires (1921 ou 1932), voir légende p. 8.

Altemer le cynique (1924), avec Constant Rémy (Altemer) et Geneviève Félix (Gina Zunga). Lieux de tournage : La Baule-Escoublac, Le Pouliguen.

Page suivante : Henri Diamant-Berger (debout, à gauche de la caméra, en costume de ville), réalisateur des *Trois Mousquetaires* (1921 et 1932) et producteur. Photo souvenir ! (film non identifié).

Les Révoltés de Lomanach (1953) avec Dany Robin (Monique de Lomanach), Amedeo Nazzari (Jacques Barnaud).
Lieux de tournage : Brière, Guérande, La Baule-Escoublac.

Les Trois Mousquetaires (1921 ou 1932), voir légende p. 8.

EXT. NUIT Ambiance film noir pour L'*Apollo* qui ferme ses portes en 2003, laissant la place à une résidence. La façade Art déco est conservée.

La fabuleuse histoire des cinémas

2

En 1910, à Nantes, pour assouvir leur passion, les amateurs du 7e art adolescent – le cinéma est né en 1895 – vont droit... dans le mur. En effet, pas d'écran dans les toutes premières salles, les films sont donc projetés à même les murs. Blancs, tout de même ! Les salles nantaises du début du XXe siècle sont quatre. Comme *Les Trois mousquetaires*, dont Henri Diamant-Berger tourne l'adaptation en épisodes dans les années 1920 (la version muette) notamment à Guérande, avant une seconde version dans les années 30, cinéma parlant oblige.

Quatre salles obscures pour regarder de fééeriques et magiques images défiler sur un simple mur, ce qui n'empêchait pas les ancêtres des exploitants d'aujourd'hui de tenir à un certain standing : un panneau « Une tenue correcte est exigée », affiché au guichet, donne le ton dès l'entrée. *American Cosmograph*, *Mondial Cinéma*, *Tabarin* et *American Cinematograph* occupent alors chacun une partie du territoire urbain, qu'ils se partagent comme les Indiens, les cow-boys, les pionniers et les régiments de cavalerie des premiers westerns, un genre né quelques années seulement après le nouvel art : *L'Attaque du grand rapide* d'Edwin S. Porter (1903) est, selon les historiens du cinéma, *« le premier western et la première tentative américaine de montage narratif. »*

Huit ans après, en 1918, à la fin de la guerre qui inspirera à Stanley Kubrick *Les Sentiers de la gloire* (1957), le paysage a changé : l'*American Cosmograph* est le seul survivant de l'époque d'avant la Grande Guerre. Il partage les terres de la ville de l'Ouest avec de nouveaux pionniers : *Apollo Théâtre, National, Omnia Dobrée, Palace, Select.* Deux ans après la crise de 29, c'est l'inflation : il y a vingt salles de cinéma dans la ville. Elles sont vingt-cinq en 1949 et atteignent leur pic en 1977 avec trente-deux salles réparties sous quatorze enseignes. Cette année-là, sortent des films nés un peu plus loin vers l'Ouest et devenus de grands classiques : *La Guerre des étoiles*, *Rencontres du troisième type, New York New York, La Fièvre du samedi soir.*

De ce côté-ci de l'Atlantique, Jacques Tati reçoit un César d'honneur pour l'ensemble de son œuvre, presque trente ans après avoir tourné d'inoubliables vacances d'un certain Monsieur Hulot sur la plage de Saint-Marc, commune de Saint-Nazaire.

Garage et ciné, une mécanique bien huilée

À Nantes, le cinéma a tissé des liens un peu surréalistes, ce qui n'étonne ni ne détonne dans la ville de Jacques Vaché and Co., par ailleurs fort appréciée par le « Pape » dudit mouvement, André Breton : l'*American Cosmograph*, actuel *Cinématographe*, est installé dans une ancienne chapelle. L'*Omnia Dobrée* se trouvait dans les locaux de la Bourse et le *Pathé* dans un ancien garage rue de l'Industrie... Ce qui fait forcément penser au fait que le petit Jacques Demy, précoce, a commencé sa carrière cinématographique au-dessus du garage paternel.

Le *Majestic* (Nantes), fin d'une époque.

Le *Majestic* (Nantes), une page tournée.

Le cinéma *Le Moderne* (Nantes), futur Concorde.

À Rezé aussi, garage et cinéma roulaient de concert : « *Vers la fin des années 20, un certain M. Arnaud [...] s'est lancé dans la construction d'une salle de cinéma attenante à son habitation. Ainsi transformé, le hangar-garage devenu temple du cinéma muet, a vite attiré les foules avides de distraction* » (*Rezé Magazine* n° 31, mai 1991). Du garage au ciné et de la salle de cinoche à l'atelier de mécanique, c'est l'empire d'essence ! Vers 1970, le *Variété* est rasé. Il est remplacé par... une station essence. D'autres salles disparaissent, démolies pour laisser la place à de nouvelles constructions ou transformées pour accueillir de nouvelles activités : une agence bancaire, un restaurant, un immeuble et même un temple bouddhiste.

Histoires courtes en cinq dates

1940 : L'*Apollo* est réquisitionné par les Allemands. De nombreux loisirs étant supprimés à cause de la guerre, les cinémas font salle comble.

10 décembre 1946 : Première mondiale à l'*Olympia* du *Bateau à soupe* de Maurice Gleize, tourné en grande partie à Nantes. Dans sa préface au livre d'Yves Aumont et d'Alain-Pierre Daguin, *Les Lumières de la ville* (L'Atalante Éditions, 1989, réédité en 1995), Jacques Demy raconte un de ses premiers souvenirs de cinéma : arpentant les rues de Nantes pour assister au tournage du *Bateau à soupe*, il se retrouve non loin de l'équipe, et tout près de la maquilleuse en plein travail. Le parfum de la poudre de riz que le cinéaste en herbe respire alors sera pour lui comme ce que la petite madeleine est à Proust (*Un amour de Swann* de Volker Schlöndorff, 1984). *Le Bateau à soupe* remporte un franc succès : le jour de la première, la file d'attente fait le tour du pâté de maison.

28 janvier 1954 : Le *Katorza* programme le premier film en cinémascope et en stéréophonie : *La Tunique* de Henry Koster (1953)

Nuit du 28 au 29 décembre 1959 : *Voulez-vous dansez avec moi ?* de Michel Boisrond est projeté au *Club*. Une Brigitte Bardot de trois mètres de haut orne la façade du cinéma pour la promotion du film. La fausse BB est volée, par un admirateur ou un collectionneur, qui s'offre là un cadeau de Noël tardif mais original. L'histoire ne dit pas si BB fut retrouvée.

1995 : Le cinéma a 100 ans. Bon anniversaire à toutes les salles de l'estuaire, de Nantes à Saint-Nazaire !

Pour avoir un aperçu plus précis sur l'histoire des cinémas nantais ou nazairiens :
La Belle époque du cinéma et des fêtes foraines à Nantes (1896-1914), de Frédéric Monteil, Ouest Éditions 1996.
Les Lumières de la ville Un siècle de cinéma à Nantes, d'Yves Aumont et Alain-Pierre Daguin, L'Atalante Éditions 1998.
Archives municipales de la ville de Saint-Nazaire pour les articles de la presse locale.

Le ciné de Rezé : *L'Artistic,* rue Alsace-Lorraine à Pont-Rousseau, Rezé.

L'*Olympic* Cinéma (Nantes).

16 septembre 1943, bombardements de Nantes. Le *Katorza* est entièrement détruit.

De gauche à droite : le réalisateur Édouard Molinaro, Pierre Clémenti, Claude Rich.
L'Ironie du sort (1974) avec Claude Rich (Jean), Pierre Clémenti (Antoine), Marie-Hélène Breillat (Marie-Anne).
Lieux de tournage : Nantes, place Saint-Pierre, rue Mathelin-Rodier et autres lieux.

L'ESTUAIRE FAIT DE LA RÉSISTANCE

3

NANTES, 1985

Le film d'un « *génial Helvète* » sort à Nantes, au *Katorza*, provoquant les foudres d'un groupe de personnes de religion catholique. Les manifestants – mots d'ordre : prières et cantiques – se rassemblent plusieurs soirs de suite devant le cinéma, agenouillés devant la statue de la Vierge Marie posée par eux sur le trottoir. Ils souhaitent « *supprimer* » ce film qu'ils ne peuvent « *tolérer* », selon les termes de l'abbé Guérin dans un reportage télévisé. Vieux débat – « *Mais de toutes les superstitions, la plus dangereuse, n'est-ce pas celle de haïr son prochain pour ses opinions ?* » Voltaire, *Traité sur la Tolérance* (1763) – toujours ouvert, et en tout cas plus ouvert que nombre d'esprits. Le Suisse provocateur et iconoclaste, Jean-Luc Godard, revient à Nantes peu de temps après la sortie du polémique *Je vous salue Marie*, pour tourner des scènes de *Soigne ta droite* (1987) à l'aéroport de Château-Bougon (devenu Nantes-Atlantique en 1988). « *Je filme pour éviter la question du pourquoi* » répond-il au journal *Libération* en 1987. Pirouette helvète !

CANARDAGES À L'AUBE

Du *Canard sauvage*, revue fondée par Jacques Vaché en 1913 aux *Canards sauvages*, société de production du film de Volker Schlöndorff *La Mer à l'aube* (2012), il n'y a qu'un battement d'ailes. « *L'émotion* » déclenche chez le réalisateur l'envie de faire ce film, qui raconte l'histoire des otages de Châteaubriant : « *En 1956, j'avais 17 ans, je suis arrivé à Vannes, et tout le monde me regardait, moi, le petit Allemand. On me parlait aussi de choses horribles qui avaient eu lieu non loin de là, pendant la guerre, mais on ne m'en a pas dit plus, et je n'ai pas trop insisté.* »

Il travaille ensuite sur des films de Jean-Pierre Melville (*Léon Morin prêtre*) et Louis Malle (*Lacombe Lucien*) : « *Je pensais aux ouvriers de cinéma du début des années 60, ces types avec la gauloise, le béret, une certaine gouaille... les personnages du film sont très inspirés de ce souvenir.* » Dans la même interview à *Télérama*, Volker Schlöndorff raconte que son film n'est pas « *un docu-drame. C'est très très documenté, mais je voulais un traitement qui renvoie plus à une méditation qu'à un reportage documentaire. Et c'est bien une fiction, parce que j'y ai entremêlé des histoires et des personnages qui ne se sont jamais croisés, et je les ai fait communiquer et parler les uns avec les autres.* » Il précise aussi que, à Nantes, « *ils ont crié "vive la patrie, vive la liberté !", etc., et qu'à Choisel ils ont crié "vive la révolution, vive le Parti !", qu'il y en a même un qui aurait crié en allemand "Vive le kommunistische Partei Deutschland !" Tout ça est authentique, comme le fait qu'ils aient tous refusé de se faire bander les yeux, qu'il n'y ait pas eu un seul moment d'hystérie, et quelques-uns ont chanté jusqu'à la fin. Le reste, c'est de la reconstitution, de la mise en scène, à partir d'un règlement militaire que j'ai retrouvé et utilisé.* » Le producteur Bruno Petit ajoute : « *Un film, c'est un équilibre entre le réel et le vraisemblable* » (à Yves Aumont dans *Ouest-France*, au moment du tournage en 2011).

Presque quarante ans plus tôt, en 1973, un cinéaste français s'empare du même épisode historique, adaptant un livre de Paul Guimard, *L'Ironie du sort*. Le film éponyme d'Édouard Molinaro a la particularité d'être en noir et blanc et en couleur, selon les deux directions prises par le scénario : en effet, une voiture qui démarre, ou pas, fait évoluer l'action racontée au spectateur vers deux dénouements différents. Sujet grave pour un réalisateur prolifique plus habitué à la comédie : il tourne notamment *Oscar* et *Hibernatus* avec Louis de Funès, tissant ainsi des liens cinématographiques avec la région, l'acteur ayant une résidence près de Nantes.

France - Allemagne

Le réalisateur se fait lui-même acteur pour un producteur un moment réalisateur, Charles Gassot. Édouard Molinaro est « l'avoué » du film *Méchant Garçon*, tourné dans la région dans les années 90. « *Je filme parce que je ne sais rien faire d'autre. J'aime bien qu'on me raconte des histoires, j'aime bien en raconter aussi. En images. C'est comme ça qu'on communique avec les gens à la fin du XX*e *siècle. Alors, pub, cinoche, télé, peu importe ! C'est gai, ça bouge, on s'amuse. En tout cas, moi je m'amuse bien, je n'ai trouvé aucune autre justification, pardon !* » répond Édouard Molinaro à *Libération*.

Vadrouille, petite et grande

En 1973 également, un habitant de Carquefou, fana de cinéma dont le frère était, lui, fou de voitures anciennes, a l'idée de faire quelque chose de ces deux passions. Ainsi est née *La Petite Vadrouille*. Trois ans de tournage, les week-ends : on ne peut être dans son bureau à la banque ou dans son champ de cultures maraîchères et derrière/devant la caméra Super 8 en même temps. Une équipe de cinéastes improvisée : une bande de 25 à 30 copains. Un scénario évolutif écrit par un maraîcher par ailleurs amateur de théâtre. Quelques voitures anciennes, dont une Traction-bonne-pour-la-casse et une Delaunay Belleville. Des costumes, c'est un film d'époque, dont des uniformes de soldats allemands.

En voiture, ça tourne ! Joël Briant et ses amis ont fait un montage, muet, de 40 minutes. Une projection exceptionnelle de ce film inédit a eu lieu en 2013, chez Joël. En 1973, les cinéastes du samedi et du dimanche tournent et font une pause déjeuner. Certains gardent leur costume de soldat allemand. Au restaurant : « *Vous tournez dans* L'Ironie du sort *?* » Une jolie anecdote, pour la beauté de la petite histoire...

Le Prix Goncourt, l'amoureux de sa ville et la Royal Navy

Des films d'histoire, encore, avec *La Poche de Saint-Nazaire*, de Jean Rouaud et Vincent Douet (2005) : « *Dans la poche, tout est renversé. C'est un scénario très étrange où l'armée allemande fait de la résistance, tandis que les résistants français passent à l'extérieur, intégrant une armée faite de bric et de broc. L'enjeu du film, c'est de rendre compte de cette complexité.* » (Jean Rouaud à *Ouest-France*, 10 mai 2005). Plus loin, dans le même article : « *Jusqu'au bout il y a cette tension à cause des fous furieux de l'état-major allemand, prêts à tout faire sauter.* [...] *il s'agit de donner à ressentir, plus que d'informer.* [...] *Ce qui m'a intéressé, c'est de rendre compte de l'émotion.* [...] *La force de l'image, c'est aussi de dire en un éclair ce qui prendrait des pages et des pages, comme la jeunesse des résistants de Caro, le visage souriant de ce jeune homme qui va peut-être mourir.*»

Le journaliste Marc Le Duc rappelle ensuite quelques points d'histoire, notamment que « *Saint-Nazaire fut le dernier territoire libéré d'Europe, le 11 mai 1945, trois jours après la reddition de l'armée allemande. Pendant neuf mois, 120 000 civils se retrouvèrent enfermés dans la poche, avec 32 000 soldats allemands, les Alliés ayant préféré filer vers Berlin.* »

Un Prix Goncourt originaire de la région qui se tourne vers la caméra. Un assistant-réalisateur nazairien, Stéphane Chemin, qui réalise un premier film, un documentaire de 52 minutes écrit par Charles-Henri de Choiseul : *La base sous-marine de Saint-Nazaire, entre humanité et barbarie* (Cinergie Production, 2007). « *La base sous-marine est un bâtiment, je ne veux pas dire une verrue, qui traduit une grande partie de l'histoire de Saint-Nazaire. Aujourd'hui, la base est un musée, un lieu de culture, une salle de concerts de musique rock* » rappelle Stéphane, expliquant que « *peu de Nazairiens, finalement, connaissaient les tenants et aboutissants de son historie* » (*Ouest-France*, 19 avril 2008) et évoquant « *la force visuelle impressionnante* » qui émane du lieu, dans cette ville qu'il a « *toujours connue et qui, malgré une froideur apparente, dégage un mystère envoûtant* » (*L'Écho de la presqu'île*, 16 novembre 2007).

Autre genre de film, *Commando sur Saint-Nazaire* de Compton Bennett (*Gift Horse*, 1952) qui raconte l'histoire de l'Opération Chariot (28 mars 1942) : « [...] *une flottille emportant 611 commandos et marins britanniques* » s'approche du port. Le *Campbeltown*, maquillé en navire allemand, éperonne la forme-écluse Joubert (celle qui a servi pour *Normandie*, dont la construction commence en 1931). Le lendemain, « *l'explosion programmée du navire* » rend le bassin inutilisable, tuant 169 soldats alliés (*Ouest-France*, 19 septembre 2011). L'opération avait été minutieusement préparée : « *Les Britanniques effectuent un repérage aérien au préalable au-dessus du port afin de bien identifier les cibles à atteindre. Ensuite un plan relief du port et de ses installations est confectionné pour servir à la formation des militaires du commando constitué Ceux-ci s'entraînent dans le plus grand secret en mars 1942 dans le port de Falmouth en Cornouailles.* »

Drapeau national et drapeau rouge

Résistance et lutte des classes et aussi opéra et politique avec *Une chambre en ville* de Jacques Demy, qui plonge dans l'histoire de la grève de 1955. À l'occasion de l'exposition qui s'est tenue en 2013 à la Cinémathèque française, le magazine *Bretons* (juillet 2013) consacre un article au réalisateur, rapportant les propos qu'il a tenus à Jean-Pierre Berthomé (auteur de *Jacques Demy et les racines du rêve*) : « *J'ai toujours aimé l'histoire de Nantes. J'ai aimé sa violence, sa passion. Et puis je l'ai vécue petit, d'abord en 1936, où j'ai vu les premières manifestations de la foule contre l'autorité. Puis ça a été la guerre et je crois qu'à 12 ans, j'ai reçu sur la tête le bombardement du 16 septembre 1943. J'avais de Nantes aussi une vision guerrière, dantesque, abominable.* »

En guise de conclusion, petite pirouette façon helvète. Aucune résistance au plaisir « irrésistible » de faire ce livre !

L'Ironie du sort (1974).

Une chambre en ville (1982) avec Dominique Sanda (Édith Leroyer), Richard Berry (François Guilbaud), Danielle Darrieux (Margot Langlois), Michel Piccoli (Edmond Leroyer).

Lieux de tourange : Nantes, rue du Roi-Albert, passage Pommeraye, cours Saint-Pierre, marché du Bouffay, rue Lanoue-Bras-de-Fer et autres lieux.

Double page suivante :

Le *Katorza*, Nantes. Manifestation contre la sortie du film de Jean-Luc Godard *Je vous salue Marie* (1984), à l'affiche.

VOYAGES
NON AUX INJURES!
RESPE
DROITS

N AUX INSULTES
ESUS-CHRIST
CABINET
GENCE D

Le *Katorza*, Nantes. Prière… de manifester, contre la programmation du film de Jean-Luc Godard *Je vous salue Marie* (1984).
Au premier plan, l'abbé Bonneterre…

...entouré de ses fidèles, se recueille devant la Vierge.

Page suivante : *Une chambre en ville* (1982).

Une chambre en ville (1982).

Une chambre en ville (1982) idem page suivante.

De gauche à droite : Konstantin Frolov, Volker Schlöndorff et Jacob Matschenz.
La Mer à l'aube (2013) avec Léo-Paul Salmain (Guy Môquet), Ulrich Matthes (Ernst Jünger), Christopher Buchholz (Kristukat), Jacob Matschenz (Heinrich).

Lieux de tournage : Nantes, Saint-Nazaire, pointe Saint-Gildas, Préfailles.

De gauche à droite : Volker Schlöndorff, Dominique Arcé, la script, Mario Irrek et Jacob Matschenz à la po nte Saint-Gildas, Préfailles.

Jacquot de Nantes (1991) avec Philippe Maron (Jacquot 1), Édouard Joubeaud (Jacquot 2), Laurent Monnier (Jacquot 3).
Lieux de tournage : Nantes, Mauves-sur-Loire, la Chapelle-Basse-Mer, Pontchâteau, Couëron, Chantenay, Champtoceaux.

JACQUES DEMY
L'UNIVERS EN-CHANTÉ
4

Tout commence à Pont-Château, sous le signe des Gémeaux (21 mai-21 juin). « *Nous sommes des sœurs jumelles, nées sous le signe des Gémeaux, mi fa sol la mi ré, ré mi fa sol sol sol ré do...* »

Le 5 juin 1931, Jacques Demy est mis au monde dans la maison familiale, rue... Nantaise. Bien qu'il ne passe que peu de temps dans sa ville natale, il y reste attaché : « *J'aimais beaucoup Pont-Château ; c'était l'essence même d'un petit village français.* » Si l'on essaie (en toute modestie) de s'amuser à jouer avec les mots à la manière du réalisateur, qui écrit par exemple les chansons des *Demoiselles de Rochefort* en alexandrins, on peut s'aventurer à faire des rapprochements à la mode surréaliste. On est à Nantes, après tout, la ville dont André Breton disait qu'elle était « *peut-être, avec Paris, la seule ville de France où j'ai l'impression que peut m'arriver quelque chose qui en vaut la peine* .» On dirait donc qu'il y a une belle rencontre sous « *Un p'tit coin d' parapluie* »... de Cherbourg évidemment, entre l'essence de ce « *petit village français* » et les effluves d'essence échappés du garage paternel. Et cette rencontre surviendrait dans un lieu idéal, celui créé par le cinéaste, « *un coin d' paradis* » : Geneviève Tu sentiras l'essence toute la journée. Quel bonheur ! Guy Nous serons très heureux !

Tout le monde sait que le bonheur rêvé en chantant par Guy et Geneviève ne quittera pas le royaume des rêves. Il ne reste au spectateur que ses yeux pour pleurer. Agnès Varda : « *Michel chantait alternativement les rôles des hommes, ténors ou basses et les paroles des femmes en poussant sa voix vers des aigus extrêmes. Jacques riait et se tournait vers moi* : "Là, ils sortiront leur deuxième mouchoir !" *Leur désir était vif d'émouvoir un public qui ressentirait la tristesse de voir se défaire un premier amour au son d'une musique prévue à cet effet.* »

Dans la vie aussi, le réalisateur joue avec les mots, comme dans cette interview lors du Festival de Cannes (Palme d'or 1964 pour *Les Parapluies de Cherbourg*) :

- Croyez-vous que l'amour soit la clé du monde ?

- Oui, c'est la clé de sol parce que l'amour est une douce romance et que c'est la seule chose qui compte.

- On peut vous reprocher d'aimer un peu le côté « bergerie » de la vie. Qu'en pensez-vous vous-même ?

- Trop tard pour changer. Je préfère le bleu au noir, les naissances aux enterrements, le vin rouge à l'eau de Vichy et le soleil à la pluie.

Après la naissance à Pont-Château, l'enfance à Nantes. Garage paternel et mère coiffeuse, vocation précoce liée à la passion pour le théâtre de marionnettes, le spectacle (cinéma et théâtre) et les images, peintes ou animées.

Tout commence une seconde fois, à Nantes. Jacques Demy a un peu plus de dix ans quand, dans une boutique du passage Pommeraye, il échange des livres de la Bibliothèque verte et un jeu de Mécano n° 5 contre une caméra Pathé Baby. Précoce, il fabrique de petits films, peignant à même la pellicule, filmant des figurines image par image : *Ballerine* (1944) ; *Le Pont des Mauves* (1944) ; *Attaque nocturne* (1947).

Nantes, ville de l'enfance et des souvenirs fondateurs d'une vocation : « *Puis ça a été la guerre et je crois qu'à 12 ans, quand j'ai reçu sur la tête le bombardement du 16 septembre 1943, j'avais de Nantes aussi une vision guerrière, dantesque, abominable.* » Ou encore : « *À Nantes, j'ai connu de grands bouleversements. La guerre par exemple... Puis après, à 16 ans, j'ai découvert l'amour à Nantes. J'y ai aussi découvert le cinéma. J'y ai eu de grands chocs qui font que cette ville, je l'aime, et que j'ai envie d'y tourner.* »

Entre le natif de Pont-Château et Nantes, le lien est aussi puissant que ceux des philtres d'amour des contes de fées. Jacques Demy tourne deux films à Nantes (plus une courte séquence des *Parapluies de Cherbourg*, passage Pommeraye, encore et toujours) : *Lola*, son premier long-métrage. Puis *Une chambre en ville* – « *splendide opéra maladif* » selon l'un, « *joyau noir* », selon un autre, entièrement chanté, comme *Les Parapluies de Cherbourg*, ce « *magnifique mélodrame chanté* ». Jacques Demy disait au sujet d'*Une chambre en ville* qu'il avait « *pensé aux grands classiques,* Tristan et Yseult, Roméo et Juliette. *Et comme le film est chanté,* Une chambre en ville *sera l'équivalent d'un opéra moderne sur le thème des grands amours tragiques* » ou encore : « *Un peu comme dans* Les Parapluies de Cherbourg, *j'ai voulu faire un opéra populaire.* »

Agnès Varda évoque un Jacques Demy à deux facettes « *cupressus solide et sombre, bien implanté* » et « *mimosa souriant, avec ses petites boules d'humour* ». Ombre et lumière, des éclairages différents d'une même réalité. « *Je crois qu'on est comme la terre, comme la lune : au soleil et puis tout d'un coup à l'ombre* » disait Jacques Demy. Dans ce « *Demy monde* », règnent dualité et ambivalence, notées par les commentateurs : « *Un monde en rose et noir, dont l'apparente frivolité ne fait que dissimuler le pessimisme profond* » ou encore des films « *pimpants en dehors, moroses en dedans* » Jacques Demy ne dit pas autre chose : « *Ce sont des films déguisés, la couleur, la musique masquent le pessimisme, sans parler de gaieté forcée, mais j'ai la même démarche dans l'existence.* »

Des films en-chanté (pas besoin de « s » : ils sont en-chanté et en couleur ou en noir et blanc), un univers qui charme : l'exposition de la Cinémathèque française, *Le monde enchanté de Jacques Demy* (10 avril - 4 août 2013) a attiré 100 000 spectateurs. Une œuvre devenue culte qui suscite beaucoup de commentaires : à l'occasion de l'exposition parisienne, la Cinémathèque publie une *Bibliographie sélective et commentée* de... 43 pages !

Celle qui dit
V'là un bateau
V'là un samedi
V'là des matelots
On va tourner, on va danser
On va flirter sans y penser
On va rire et virevolter
Mais... mais quand
elle met le holà
Quand elle leur dit :
Ça va comme ça
Tiens-toi bien,
moi je m'en tiens là
C'est moi
C'est moi Lola.

Tout commence à Pont-Château, rue Nantaise
Tout commence à Nantes, passage Pommeraye

Octave Château est né à la maison, en 1932, au n° 3 de la rue Nantaise, à Pont-Château, un an après Jacques Demy. La maison natale du réalisateur est au n° 1. La même sage-femme officie à un an d'intervalle : la tante de Jacques Demy. Quelques décennies passent. Un jour, Octave et son épouse Denise sont à Nantes, passage Pommeraye. On tourne un film. Un policier fait le service d'ordre pour le tournage : « *Soit vous attendez soit vous passez. Si vous passez, ne regardez pas la caméra car vous serez filmés !* » Le jeune couple décide de passer dans le passage. Autre passage, celui des années. En 2011, la mort sépare Octave et Denise. D'autres années passent. Début 2013, Arte diffuse *Lola*. Octave voit le film pour la première fois et reconnaît le jeune couple qui passe, derrière l'héroïne, vers la vingtième minute.

Jacques Demy et Fabienne Guyon (Violette Pelletier).
Une chambre en ville (1982) avec Dominique Sanda (Édith Leroyer), Richard Berry (François Guilbaud), Danielle Darrieux (Margot Langlois), Michel Piccoli (Edmond Leroyer).
Lieux de tournage : Nantes, rue du Roi-Albert, passage Pommeraye, cours Saint-Pierre, marché du Bouffay, rue Lanoue-Bras-de-Fer et autres lieux.

Page suivante : *Une chambre en ville* (1982). Jacques Demy en plein tournage.

Une chambre en ville (1982).
Richard Berry et Fabienne Guyon.

Anouk Aimé à La Cigale. *Lola* (1961) avec Anouk Aimé dans le rôle-titre.
Lieux de tournage : Nantes, rue du Calvaire, rue Kervégan, place de la Petite-Hollande, passage Pommeraye, cafés du quai de la Fosse, quai de la Maison Rouge. La Baule.

Jacques Demy à La Cigale, *Lola* (1961), Bernard Toublanc-Michel à l'arrière-plan.

Jacquot de Nantes (1991).

Jacques Demy, Corinne Marchand (Daisy), chapeau claque au bras sur le tournage de *Lola* (1961).

Page suivante : Corinne Marchand (Daisy) *Lola* (1961).

SORTIE
DE SECOURS

13
Les Parapluies

Au centre, assis, Nino Castelnouovo entre Catherine Deneuve et Anne Vernon.
Les Parapluies de Cherbourg (1961) avec Catherine Deneuve (Geneviève), Nino Castelnuovo (Guy), Anne Vernon (Madame Emery), Marc Michel (Roland Cassard)
Lieux de tournage : Cherbourg et Nantes, passage Pommeraye.

Jacquot de Nantes (1991).

Jacques Demy à l'œilleton pour *Une chambre en ville* (1982).

Anouk Aimé et Marc Michel, *Lola* (1961).

Le générique de *Lola* s'ouvre sur la cité balnéaire de La Baule.

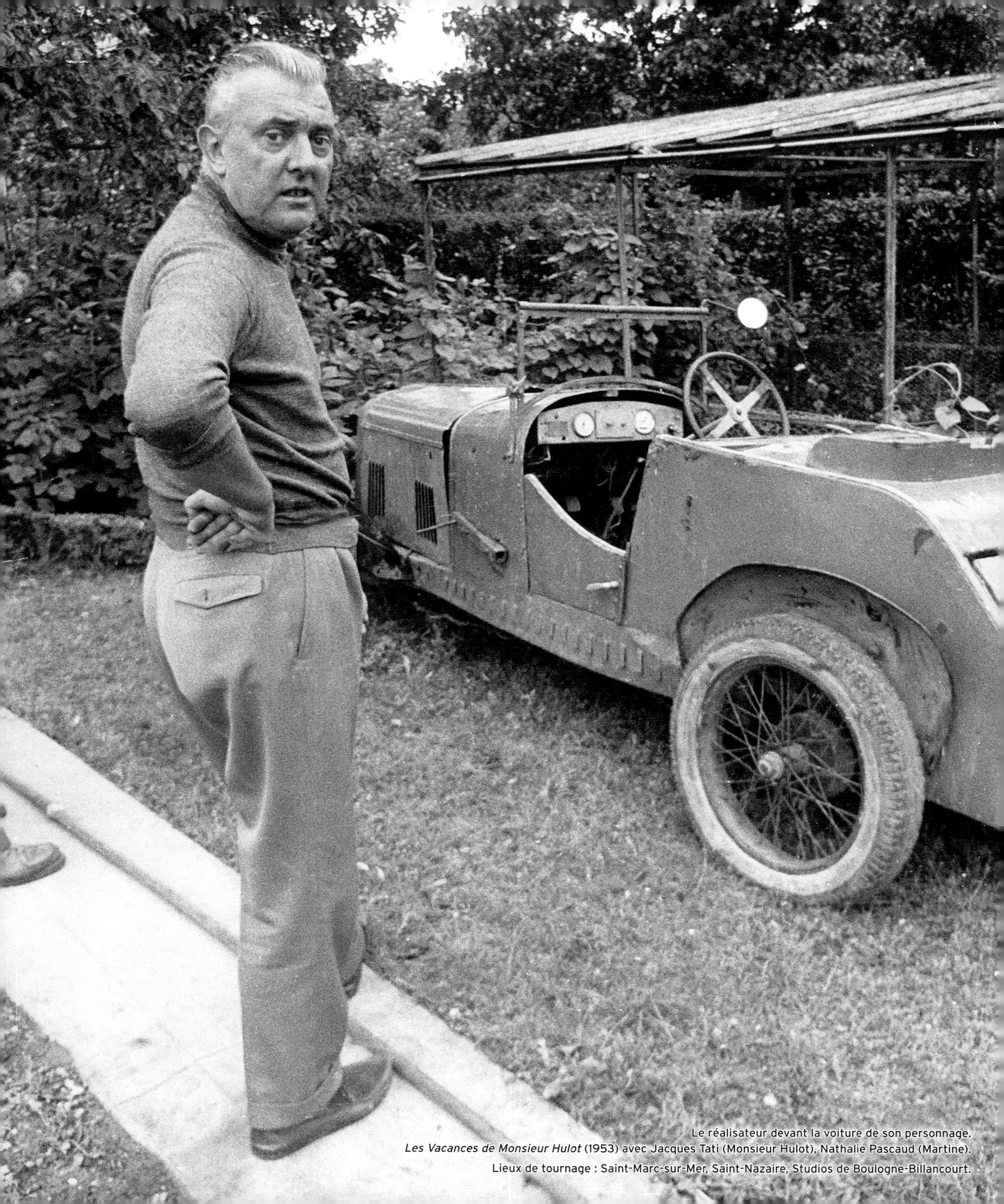

Le réalisateur devant la voiture de son personnage.
Les Vacances de Monsieur Hulot (1953) avec Jacques Tati (Monsieur Hulot), Nathalie Pascaud (Martine).
Lieux de tournage : Saint-Marc-sur-Mer, Saint-Nazaire, Studios de Boulogne-Billancourt.

La bande à Jacquot

5

Le premier est un précurseur intuitif, ami d'André Breton, qui en ce temps-là était interne, et non « en perm' », à Nantes. Souvenez-vous : « Je vais à Nantes voir ma famille. Je vais en perm' à Nantes ! » chante Maxence, le marin des *Demoiselles de Rochefort*. C'est une autre histoire et pourtant un peu la même.

Blessé à la guerre, Jacques Vaché, *Jack de Nantes* – « *tentative de poème documentaire* » de Marianne Gosset consacré à Vaché réalisé en 1983 – est hospitalisé dans la ville où il a grandi. Il fait alors la connaissance du futur « pape du surréalisme » qui, selon les historiens de ce mouvement, sera influencé de façon notable et durable par son ami nantais, fan de cinéma : « *Quel film je jouerai ! – Avec des automobiles folles, savez-vous bien, des ponts qui cèdent, et des mains majuscules qui rampent sur l'écran vers quel document !...* [...] *Le Policeman qui est oublié dans la malle ! ! !* [...] *Je serai aussi trappeur, ou voleur, ou chercheur, ou chasseur, ou mineur, ou sondeur – Bar de l'Arizona (Whisky – Gin and mixed ?), et belles forêts exploitables, et vous savez ces belles culottes de cheval à pistolet-mitrailleuse, avec étant bien rasée, et de si belles mains à solitaire.* » Jacques Vaché (1895, année de la naissance du cinéma - 1919) *Lettres de guerre*, lettre du 14 novembre 1918. L'étoile filante du surréalisme meurt dans une chambre de l'hôtel de France à l'âge de 23 ans, bien longtemps avant que Mathieu Amalric y tourne une séquence de son premier film, *Tournée* (2009) mais peu de temps après l'apparition, de l'autre côté de l'estuaire, de deux autres adeptes de l'humour, « *l'Umour* », comme l'écrit Vaché. André et Georges Bellec naissent à Saint-Nazaire en 1914 et 1918. En 1944, ils intègrent une compagnie théâtrale, la troupe Grenier-Hussenot. Comédiens, mimes et chanteurs, ils forment bientôt un quatuor avec un Parisien, Paul Tourenne et François Soubeyran qui est originaire de la Drôme. *Personne n'est parfait* : tout le monde ne peut pas être né à Saint-Nazaire ou à Nantes, mais deux Frères Jacques sur quatre, oui !

Jacques, Jack, Les Frères Jacques. Des villes, des films, et un prénom... prédestiné ?

Années 1920, Forges d'Indret et Saint-Nazaire : Robert Saidreau tourne *Jack*, adaptation éponyme du roman « *lacrymal* », selon certains critiques, d'Alphonse Daudet. Peu d'informations sur ce film mais, quand même, une photo : un portrait de Jean Forest, le jeune garçon incarnant le héros, trouvée sur le site d'un cinéphile anglophone amoureux du cinéma européen et de ses icônes. Plus de cinquante ans plus tard, un feuilleton télévisé adapté du même livre est tourné à Indret.

Années 50, Saint-Marc : Jacques Tati immortalise l'une des plages de Saint-Nazaire, la « *ville aux vingt plages* ». Quelques années plus tard ladite plage est rebaptisée plage de Monsieur Hulot, statue à l'appui. Le grand homme qui était aussi un homme grand (près de 2 m) scrute l'horizon, mains sur les hanches, la silhouette caractéristique de son personnage cinématographique penchée vers l'avant, pipe envolée (volée) au vent de l'Atlantique, dès le lendemain de l'inauguration.

1959, Hollywood, cérémonie des Oscars : *Orpheo Négro* de Marcel Camus remporte l'Oscar du Meilleur film étranger. Le scénariste s'appelle Jacques Viot (1898-1974), il est né à Nantes.

Années 60 : Jacques Demy tourne son premier long-métrage, *Lola* (1961), fixant dans l'imaginaire collectif les images du Nantes de cette époque et une histoire d'amour, d'attente, de marins et d'enfance. Passage Pommeraye aimé des surréalistes (encore eux), rue de l'Abreuvoir disparue depuis, pont transbordeur que le cinéma fait réapparaître dans le paysage urbain d'un coup de pinceau magique sur une vitre. Jacqueline Moreau, ancenienne et chef-costumière de son état, Bernard Evein, nazairien et chef-décorateur, collaborent aux films de leur copain. Demy tourne également à Nantes *Une Chambre en ville* (1982), insérant quelques images du passage Pommeraye dans *Les Parapluies de Cherbourg* (1984) « *dans un long mouvement de caméra qui fait du passage déserté l'expression d'un souvenir* », relève Jean-Pierre Berthomé (*Au cœur du cinéma de Nantes : le passage Pommeraye*, n° 37, *revue 303*, 1993). En 1990, Agnès Varda réalise *Jacquot de Nantes* (1991) à partir des souvenirs de Jacques Demy.

1979 et 1983 : Grand-Jouan – prénom : Jean-Jacques –, signe *Rue du Pied de grue* et *Debout les crabes, la mer monte !* L'occasion d'apercevoir Philippe Noiret fouler le pavé nantais, ainsi que Luis Rego, qui reviendra à Nantes en 1986, pour le tournage, à la gare, d'une séquence de *Maine Océan* de Jacques Rozier. Richard Borhinger est aussi au générique. Un peu moins de dix ans plus tard, il arpente les rues de Trentemoult : c'est *La Reine blanche*, de Jean-Loup Hubert. De Jack et Jacquot à Jeannot, quelques lettres et un peu de pellicule défilant **à** 24 images/seconde ! Enfant du pays, Jean-Loup Hubert tourne quatre films dans la région : *Le Grand chemin* (1987) avec Richard Borhinger, déjà ; *La Reine blanche* (1991) avec Catherine Deneuve-ex-demoiselle de Rochefort, Jean Carmet, Bernard Giraudeau et Richard Borhinger toujours ; *À cause d'elle* (1993) avec Richard Borhinger fidèle au poste et *Marthe* (1996), sans Richard Borhinger mais avec Bernard Giraudeau, et aussi Guillaume Depardieu et Clotilde Courau.

En descendant le fleuve, de Nantes à Saint-Nazaire, d'autres figures s'inscrivent dans le paysage cinématographique, façon *Jacquot de Nantes*, parfois indirectement, à la *Jack de Nantes* :

Jules Verne, né à Nantes, dont une dizaine de romans ont été adaptés au cinéma.

Denys de la Patellière (Nantes, 1921-Dinard, 2013) qui fit tourner Jean Gabin à plusieurs reprises, notamment dans *Le Tonnerre de Dieu* (1965) et qui, dans une interview au site *Autour de Louis de Funès, le site de Franck et Jérôme !* déclarait : « *Je crois que c'est le film qui a totalisé le plus grand nombre d'entrées à sa sortie parmi ceux que j'ai tournés avec Gabin. Nous avons tourné au château du Bois-Chevalier, près de Nantes, c'était une sorte de retour aux sources pour moi. Au cours du tournage, Gabin a découvert un muscadet, le château de goulaine, qu'il a beaucoup apprécié pendant des années. Tout comme Fresnay, Gabin aimait bien boire un petit coup (rires) !* »

Louis de Funès, qui partage avec Jean Gabin l'affiche dans un autre succès du réalisateur nantais, *Le Tatoué* (1968) et qui repose entre Nantes et Ancenis, au Cellier. Trente ans après la mort de l'immortel gendarme de Saint-Tropez au CHU de Nantes, le musée de Louis a ouvert début juillet 2013, attirant 3 000 visiteurs en deux mois.

Jean Rouaud, Prix Goncourt 1990 pour *Les Champs d'honneur*, ancien journaliste à *Presse-Océan*, chargé d'un Billet d'humeur pour lequel il devait faire « *régional et drôle* »,

Jacques Demy, viseur autour du cou et scénario en mains. Au second plan, Dominique Sanda.
Une chambre en ville (1982) avec Dominique Sanda (Édith Leroyer), Richard Berry (François Guilbaud), Danielle Darrieux (Margot Langlois), Michel Piccoli (Edmond Leroyer), Fabienne Guyon (Violette Pelletier).

Lieux de tournage : Nantes, rue du Roi-Albert, passage Pommeraye, cours Saint-Pierre, marché du Bouffay, rue Lanoue-Bras-de-Fer et autres lieux.

rend hommage à Tati dans un récit intitulé « Souvenirs de mon oncle ». « [...] *coiffé d'un petit chapeau mou, au bord arrière relevé, qu'il soulevait galamment pour saluer une connaissance et qui semblait davantage adapté à la pratique du pédalo, l'été, à Saint-Marc-sur-Mer, où il avait ses habitudes à l'hôtel de la Plage, une pipe au long tuyau coincée en permanence entre les dents mais dont j'ai rarement vu une fumée s'échapper* [...] » (Éditions Naïve, p. 10). L'écrivain passe parfois du mot à l'image, avec *Vues de la poche* (2005, Films du Balibari, société de production de la région), un documentaire sur la poche de Saint-Nazaire réalisé par Vincent Douet.

François Bégaudeau, dont le livre *Entre les murs* est adapté au cinéma par Laurent Cantet, avec l'auteur dans le rôle du professeur de français, plus vrai que nature : Palme d'or au Festival de Cannes 2008. Dans une interview à Stéphane Pajot pour *Presse-Océan*, le 30 octobre 2010, celui qui est né en Vendée mais a grandi à Nantes, « *ce qui fait* » qu'il était « *vendéen à Nantes et qu'en Vendée* » on l'appelait « *le Nantais* » parle de la ville : « [...] *Nantes et son charme* [...] *la ville modérée par excellence. Douce et neutre.* »

Et il y a aussi tous les autres, célèbres pour leurs prestations devant ou derrière la caméra, actrices, acteurs, réalisateurs, producteurs : Julien Boisselier, Marc Caro, Linda Hardy, Laurent Kérusoré, Tony Molière, Claude Perron, Marc Rioufol. Sans oublier les auteurs nés ou ayant vécu en Loire-Atlantique et dont les œuvres ont été adaptées à l'écran. Dans le désordre : Hervé Le Boterf, Gilbert Dupé, Thomas Narcejac, Serge Laforest, Alphonse de Châteaubriant, Paul Guimard, Julien Gracq.

Par la magie du cinéma la fiction devient parfois réalité : lieu de mémoire d'un film culte, une petite plage change de nom. « *Trois petites notes de musique* », quelques mots, et une vraie rue prend vie, surgie de l'imaginaire d'une grande artiste : le 22 mars 1986, dans le quartier de la Baujoire, Barbara inaugure la rue de la Grange-au-Loup chantée dans *Il pleut sur Nantes*, une évocation de la mort de son père à Nantes : « *Il avait fallu ce message/Pour que je fasse le voyage/*Madame soyez au rendez-vous/Vingt-cinq rue de la Grange-au-Loup/*Et ce fut son dernier voyage/Et ce fut son dernier rivage* ».

Tout finit par des chansons, tristes, joyeuses ou bien douces-amères : « *Quand il me parlait de sa jeunesse c'était toujours très émouvant et là-dessus j'ai brodé. Mon père travaillait aux chantiers et tout ça s'est organisé. Et je pensais déjà à un opéra* [...] », Jacques Demy sur *Une chambre en ville* (*Nantes fête Demy, 1895-1995, 100 ans de cinéma*, fascicule édité à l'occasion de l'hommage rendu au réalisateur cinq ans après sa disparition).

Tout finit par des films, avec ou sans chansons. Alors qu'il est gravement malade, Jacques Demy entreprend de rédiger ses souvenirs d'enfance. Aussitôt, Agnès Varda met ces mots en images : c'est *Jacquot de Nantes* (1990). La réalisatrice du *Bonheur* (1965) offre un magnifique cadeau d'adieu, émouvant et pudique, au cinéaste des films en-chanté.

« *Le cinéma c'est comme l'amour, quand c'est bien, c'est formidable, quand c'est pas bien, c'est pas mal quand même* » disait George Cukor (1899-1983). Un ouvrage collectif, *George Cukor : on-off Hollywood* est publié en 2013 chez Capricci, maison d'édition nantaise mais également société de production, ayant à son actif *Les Mouvements du bassin* de HPG (2012), tourné à Nantes et Saint-Nazaire.

La boucle est bouclée et la pellicule bien enroulée !

Agnès Varda au moment du tournage de *Jacquot de Nantes*.

Jean Gabin tel qu'en lui-même.
Le Tonnerre de Dieu (1965) avec Jean Gabin (Léandre Brassac), Michèle Mercier (Simone), Robert Hossein (Marcel).
Lieux de tournage : Nantes, château du Bois-Chevalier (Legé), Saint-Philbert-de-Grand-Lieu, Saint-Étienne-de-Mer-Morte.

Catherine Deneuve entourée de Jacques Demy et Nino Castelnuovo, au temps des *Parapluies de Cherbourg*.

Robert Hossein devant le théâtre du *Sphinx* (Nantes) où il vient de donner une leçon de cinéma en mars 1994.
À droite, le directeur du théâtre et son épouse.

Jean-Christophe Averty en décembre 1994, à Nantes, où il tourne un court-métrage, *Rêve d'une ville*, un *« rêve d'images réelles »*.

Michel Legrand (à gauche) et Jacques Demy (à droite) au temps des *Parapluies de Cherbourg*.

La Côte d'amour (1982) avec Danièle Delorme (Helle Waver) et Mario Adorf (Louis Zanella).
Un film produit par Tony Molière, implanté comme exploitant de salles à Saint-Nazaire puis à Guérande.

Lieux de tournage : Nantes, La Baule-Escoublac.

Jacqueline Bisset au Festival de La Baule dans les années 1990.

En haut à gauche : Yves Boisset en visite à Nantes après une interview, devant les locaux de France Bleu, mars 2007.
En bas à gauche : En bas à gauche : Jean-Pierre Marielle à Nantes, invité par la médiathèque et la librairie Coiffard.
À droite : Jean Marais Invité du *Cinématographe* (Nantes) en octobre 1989.

Claude Chabrol et son équipe.
La Demoiselle d'honneur (2004) avec Benoît Magimel (Philippe), Laura Smet (Senta), Aurore Clément (Christine), Bernard Le Coq (Gérard).
Lieux de tournage : Nantes, Rezé.

Le réalisateur, Jean-Loup Hubert.
À cause d'elle (1993) avec Antoine Hubert (Antoine), Jean-François Stévenin (M. Hervy), Romane Bohringer (Françoise).
Lieux de tournage : Nantes, La Roche-sur-Yon, pays de Goulaine, Rezé, Le Croisic, La Baule.

Lola (1961) avec Anouk Aimé dans le rôle-titre.

Lieux de tournage : Nantes, rue du Calvaire, rue Kervégan, place de la Petite-Hollande, passage Pommeraye, cafés du quai de la Fosse, quai de la Maison Rouge. La Baule.

20 000 LIEUX SUR LA TERRE

6

Le cinéma, c'est beaucoup de strass et de paillettes, mais tout n'est pas qu'illusion. De nombreux tournages se font en extérieur et en décor naturel. Si on les recense, on en trouvera bien plus de 20 000 ! Un étudiant de l'université de Stanford a balayé un siècle de cinéma à travers deux mille grands films tournés dans le monde entier. Les pays les plus prisés ? Les États-Unis, la Nouvelle-Zélande... et la France ! Fini donc, le temps où les films étaient entièrement tournés en studio, dans des décors plus ou moins réalistes ! Le choix du lieu de tournage est devenu éminemment stratégique, pour la production du film et pour les régions qui accueillent des tournages. Nombreux sont les cinéphiles, en effet, qui s'attacheront à faire un pèlerinage ici ou là : *Bienvenue chez les Chtis*... Les retombées économiques sont loin d'être négligeables, certaines destinations l'ont bien compris qui n'hésitent pas à communiquer sur cet atout : promenade cinématographico-nantaise sur les lieux chers à Jacques Demy, à l'occasion de la grande exposition que la Cinémathèque française lui a consacré en 2013, ou approche de Saint-Nazaire « dans les pas de Tintin » avec l'association Les Sept soleils, inspirée de l'album dans lequel Tintin, Milou et le capitaine Haddock arrivent dans le grand port de l'Atlantique. Le décor vole parfois la vedette aux rôles principaux. Certains lieux de tournage sont de vraies stars. Et dans la région les lieux sont légion !

PASSAGE POMMERAYE

Quel Nantais n'a jamais traversé le passage Pommeraye ? Quel touriste de passage ne connaît pas le célèbre passage ? Lieu mythique, décor célèbre, l'un des plus filmés de Nantes. *Le Bateau à soupe, Lola, Les Parapluies de Cherbourg, Le Mataf, Une chambre en ville, Debout les crabes, la mer monte !, La Reine blanche, Jacquot de Nantes* : tous ces films ont en commun des images du passage Pommeraye. Images furtives ou prolongées avec, toujours, cette présence magique qui envahit l'écran, comme une star qui capte la lumière des projecteurs. Pour certains, le passage est juste un raccourci qu'ils traversent sans y prêter attention. Pour d'autres, au contraire, chaque incursion est une redécouverte, source d'émerveillement.

Galerie marchande du centre-ville construite entre 1841 et 1843, le passage Pommeraye est classé monument historique en 1976. Trois niveaux horizontaux, des galeries latérales, une passerelle, une verrière, des pierres, une décoration raffinée et un escalier central majestueux : l'ensemble, baigné de lumière, forme une admirable réussite architecturale. Un lieu exceptionnel, qui séduit les amateurs d'art et les cinéastes, à qui les multiples angles de prises de vues offrent un beau terrain de jeu. Jacques Demy a un lien privilégié avec « le » passage : Jacquot de Nantes raconte comment sa carrière débute là, avec l'achat de sa première caméra. Demy aurait aimé y tourner un film en entier. À défaut, le réalisateur y place ses caméras à trois reprises, filmant un passage lumineux pour d'heureuses retrouvailles *(Lola)*, le souvenir d'un amour perdu dans un passage vide *(Les Parapluies de Cherbourg)* et la tristesse avec une scène de nuit *(Une chambre en ville)*. D'autres réalisateurs s'y aventurent : Jean-Loup Hubert y fait gifler Bernard Giraudeau par Catherine Deneuve *(La Reine blanche)*. Audacieux, Jean-Jacques Grand-Jouan le situe à Rennes *(Debout les crabes, la mer monte !)*. Certains, comme Pascal Thomas *(Mercredi folle journée)*, préfèrent s'abstenir de tourner dans ce lieu mythique, jugé présent dans trop de films et à jamais marqué du « sceau » de Jacques Demy.

Le port de Nantes et le quai de la Fosse

Quai de la Fosse, Nantes : quai portuaire des bords de la Loire. Son nom lui vient du creusement naturel de faible profondeur raviné par le fleuve. Autrefois, le quai était bordé par des chantiers navals de plein air. Ils ont cédé la place à des immeubles. Aujourd'hui, devenu un lieu de promenade pour les Nantais, il garde des traces du passé, avec les façades XVIIIe des belles demeures d'armateurs. Les bateaux amarrés lui donnent une atmosphère vivante et animée. À chaque réalisateur son époque et son image du quai de la Fosse. Jacques Demy aime les atmosphères portuaires. Lola commence et finit quai de la Fosse. Quelques années plus tard, en 1982, de retour au port, Demy retrouve le quai pour le tournage d'*Une chambre en ville*. Problème : l'histoire se passe en 1955 et, à cette époque, il y avait encore un pont transbordeur. Pour les besoins du film, il va réapparaître grâce à un trucage, le Glass shot : une plaque de verre sur laquelle est peint le décor, en l'occurrence le fameux pont, est placée devant la caméra, qui filme en transparence.

Le quai de la Fosse, ou quai de la fesse comme le surnomment malicieusement de nombreux Nantais, en souvenir du temps où le port était actif et le quartier fréquenté par les marins et les belles de nuit. Image de femme récurrente des films de Demy : Lola l'entraîneuse, Édith, nue sous son manteau de fourrure *(Une chambre en ville)*. *Debout les crabes, la mer monte* de Jean-Jacques Grand-Jouan : Mimi la France, maquereau et aveugle, assassine une de ses « gagneuses » (Véronique Genest)... sur le quai. Même quai, autre ambiance, familiale, pour Agnès Varda qui y tourne une scène de *Jacquot de Nantes* : balade à vélo pour la famille Demy.

La place Graslin, le théâtre et La Cigale

La place Graslin c'est le théâtre du même nom. Madame Demy y emmenait ses enfants au spectacle. Programme : opéras et opérettes. Les Nantais se donnent rendez-vous sur les marches du théâtre. C'est là que Lola retrouve Roland, son ami d'enfance. L'intérieur est aussi utilisé pour *La Côte d'amour* : Mario va au concert de sa fille, qui joue dans un orchestre. Dans *Le Mataf*, les combles servent de refuge à deux fuyards. La place Graslin c'est aussi la célèbre brasserie La Cigale. Bonne table et splendide décor Art nouveau, très appréciés des cinéastes pour des raisons cinématographico-gastronomiques ! Jacques Demy transforme la brasserie en cabaret, l'El Dorado, où travaille Lola. C'est là qu'elle chante sa chanson. Jean-Jacques Grand-Jouan transpose La Cigale au Croisic le temps d'un déjeuner de famille pour *Debout les crabes, la mer monte !* Déjeuner de famille aussi, pour la famille Demy, dans *Jacquot de Nantes*. Tournage de la scène plus circulation bloquée égalent embouteillage monstre : les Nantais s'en souviennent encore !

Le château des ducs de Bretagne

Dès 1926, le château, classé monument historique depuis 1840, sert de lieu de tournage pour Jean Chouan, de Luitz-Morat. Décor naturel idéal pour un film d'époque, en costumes, dont l'histoire se passe pendant la Révolution française. Près de quatre-vingts ans plus tard, le Château, toujours debout, redevient décor pour le tournage de *Mercredi folle journée*. Vincent Lindon et Victoria Lafaurie boivent un verre à une terrasse, juste en face du pont levis.

Trentemoult

Le tournage de *La Reine blanche* de Jean-Loup Hubert a profondément marqué les esprits. Le réalisateur a grandi dans cet ancien village de pêcheurs. Durant l'été 1990, Trentemoult replonge dans le passé. Tout le village devient un décor années 60, dans lequel évoluent les principaux interprètes – Catherine Deneuve, Richard Bohringer, Bernard Giraudeau et Jean Carmet – seconds rôles et figurants locaux. La « déco » reconstruit la billetterie des roquios et fait refaire à l'identique une rambarde en fonte disparue, toujours en place aujourd'hui. Un marché est aménagé place de la Haute-Île tandis que la place des Filets accueille la kermesse de l'amicale laïque. Des publicités sont peintes sur les murs, notamment celle du célèbre petit beurre Lu, produit nantais par excellence ! Aujourd'hui, à Trentemoult une crêperie porte le nom du film. Le village a également inspiré Claude Chabrol : en 2005, il y tourne plusieurs jours sur le quai. Benoît Magimel, Laura Smet et Aurore Clément sont les interprètes de *La Demoiselle d'honneur*.

L'aéroport

En 1987, l'aéroport de Nantes accueille l'un des grands noms du cinéma français, Jean-Luc Godard, pour la réalisation de son film *Soigne ta droite*. Étrangement, peu de Nantais font le déplacement pour ce tournage. L'explication est simple : équipe et acteurs font chaque jour l'aller-retour Paris-Nantes... en avion ! La grande majorité des scènes sont tournées à l'intérieur d'un jet privé stationné en bout de piste. Discrétion et confidentialité, tournage incognito !

La cathédrale, la préfecture et les rues avoisi-nantes...

La cathédrale est l'un des principaux lieux de tournage du premier film de fiction réalisé à Nantes en 1925 : *Jean Chouan* de Luitz Morat. Rues et places environnantes sont le terrain de prédilection de nombreux cinéastes. La rue du Roi-Albert, qui mène de la cathédrale à la préfecture (l'inverse aussi, d'ailleurs) est le point de ralliement favori des manifestants. Sans doute la raison pour laquelle Jacques Demy choisit cette rue pour tourner l'une des principales, et certainement l'une des plus célèbres, scènes d'*Une chambre en ville* : la confrontation ouvriers-CRS. Cette tragédie musicale retrace l'histoire des grandes grèves des ouvriers de la métallurgie, notamment des chantiers navals, en 1955 à Nantes. C'est dans cette rue que le réalisateur fait mourir l'ouvrier-maçon François Guilbaud (Richard Berry), personnage inspiré de la réalité : Jean Rigollet, un ouvrier de 24 ans, est tué pendant les heurts qui opposent les manifestants aux forces de l'ordre. La rue Mathelin-Rodier a servi de décor à deux films dont l'action se déroule pendant la Seconde Guerre mondiale. Début août 1973, Édouard Molinaro tourne une scène de *L'Ironie du sort* qui se passe au moment de la Libération. En 2011, Volker Schlöndorff y plante sa caméra pour filmer *La Mer à l'aube*, qui raconte, comme le film de Molinaro, l'histoire des cinquante otages du camp de Châteaubriant. Pour les besoins de *La Reine blanche*, Jean-Loup Hubert organise un défilé de carnaval, avec le char de la reine, entre la cathédrale et la rue de Verdun. Derrière la cathédrale, le cours Saint Pierre : selon la saison, les Nantais s'y retrouvent pour une promenade ou un moment de détente à la fête foraine. C'est sur le cours que sont filmées les scènes de la fête foraine et du cabanon Guignol de *Jacquot de Nantes*.

La tour Bretagne

Le Nid, lieu qui fait office de bar aménagé par Jean Jullien, artiste renommé de la scène internationale des arts graphiques, se situe au trente-deuxième étage de la tour Bretagne. Il offre une terrasse panoramique avec vue sur toute la ville. Dans *La Côte d'amour* de Charlotte Dubreuil, Nantes est filmée depuis la terrasse de la tour, alors accessible au public. En 2012, après dix ans de fermeture, la terrasse accueille à nouveau les visiteurs qui peuvent admirer le panorama, confortablement installés dans des sièges en forme d'énormes coquilles d'œufs. Les 144 mètres de la tour Bretagne sont aussi le (haut) lieu d'un cambriolage dans *La Gueule du loup*.

Le port de Saint-Nazaire

Camarades de Marin Karmitz : pour les ouvriers, le port de Saint-Nazaire symbolise le lieu à fuir. Dans *Le Poulpe* de Guillaume Nicloux, de jeunes pilleurs de tombes y sont assassinés. Un port associé au drame : image lugubre et ambiance glauque. La municipalité, mécontente de cette image qu'elle juge négative, demande au réalisateur de changer le nom de la ville. Et voilà pourquoi l'intrigue du *Poulpe* se déroule à Angernaud, Saint-Nazaire fictif ! De nombreux réalisateurs choisissent Saint-Nazaire en général et son port en particulier pour tourner des films dramatiques. Loin d'être guidé par une vision négative de la ville, leur choix, bien au contraire, dénote leur admiration pour cette esthétique urbaine : Guillaume Nicloux, mais aussi Valérie Mréjen et Bernard Schefer, les réalisateurs de *En ville*, sont des amoureux de Saint-Nazaire. Ils apprécient son atmosphère si particulière qui sert si bien leurs films.

Les chantiers navals

Qui dit Chantiers navals de Saint-Nazaire dit *Queen Mary 2*, *Normandie*, *France*, autant de paquebots mythiques qui font rêver. Les Nazairiens sont les premiers à profiter du spectacle offert par la construction de ces géants des mers et leur mise à l'eau dans l'estuaire. Le rêve se poursuit devant les écrans grâce au film documentaire *Queen Mary 2, Premières brasses* de Frank Cuvelier, qui raconte la vie à bord et rend compte de la démesure de l'un des plus grands paquebots du monde. Dans *Mon histoire du France*, c'est le mythique paquebot qui est à l'honneur grâce à Jean-François Pahun. Ce réalisateur breton de Locmiquélic est aussi un nostalgique qui a eu la chance d'embarquer à bord du géant démantelé en 2008. Le *MSC Fantasia*, mis à l'eau en décembre de la même année, prend le relais. Il est la vedette de *La Croisière*, long métrage adapté de la série *La Croisière s'amuse* (*Love Boat*), écrit et réalisé par Pascale Pouzadoux.

La base sous-marine

Au premier coup d'œil, la beauté de la base sous-marine ne saute pas aux yeux : monstre de béton, verrue architecturale indestructible. Le bâtiment rappelle en outre les douloureux souvenirs de la Seconde Guerre mondiale. Mais, au-delà de cette première vision, la masse de béton offre un champ fertile pour l'imagination et notamment celle des cinéastes. Ce lieu austère a inspiré Valérie Mréjen et Bernard Schefer : c'est le principal décor de leur film *En ville*. Lieu idéal pour Jean (Stanislas Merhar), la quarantaine, profession : photographe. Ambiance particulière pour sa rencontre avec Iris (Lola Creton), ado de 16 ans perdue. Camille Brottes-Beaulieu, elle, a tourné uniquement de nuit un drame poétique, *Estuaire*, qui raconte l'histoire du couple improbable que forment deux marginaux.

La base est aujourd'hui souvent utilisée comme plateau de cinéma, mais elle abrite aussi une salle de concerts, le VIP, rebaptisé Le Cube pour les besoins du film de Mathieu Amalric, *Tournée*. Passage rapide : quelques plans à l'extérieur, devant l'entrée et à la sortie des artistes.

Saint-Marc-sur-Mer

Saint-Marc-sur-Mer doit sa célébrité à Jacques Tati qui y tourne *Les Vacances de Monsieur Hulot*, immortalisant sur pellicule le Grand Hôtel et surtout la plage, désormais officiellement « Plage de Monsieur Hulot ». La ville a tenu à rendre hommage au réalisateur : une statue de son célèbre personnage de cinéma, la silhouette penchée en avant, scrute l'horizon depuis le front de mer qui surplombe la fameuse plage. En décembre 2012, les caméras sont de retour à Saint-Marc : des acteurs en tenue de soirée bravent le froid pour tourner une scène des *Rencontres d'après minuit*. Parmi eux, Éric Cantona. La star du foot reconvertie dans la comédie joue aussi dans un film de HPG, *Les Mouvements du bassin*, en partie tourné à Nantes.

Ainsi va l'estuaire et ses lieux... peu communs !

Lola (1961).

Page suivante : *Debout les crabes, la mer monte !* (1983) avec Martin Lamotte (Louis Paimboeuf), Véronique Genest (Marthe), Richard Bohringer (Polo). Lieu de trounage : Nantes.

L'embarcadère-billeterie des roquios à Trentemoult.
La Reine blanche (1991) avec Catherine Deneuve (Liliane Ripoche), Bernard Giraudeau (Yvon Legualoudec), Richard Borhinger (Jean Ripoche), Jean Carmet (Lucien, père de Liliane).

Lieux de tournage : Nantes, Trentemoult.

Promenade familiale sur les bords de Loire.
Jacquot de Nantes (1991) avec Philippe Maron (Jacquot 1), Édouard Joubeaud (Jacquot 2), Laurent Monnier (Jacquot 3).

Lieux de tournage : Nantes, Mauves-sur-Loire, la Chapelle-Basse-Mer, Pontchâteau, Couëron, Chantenay Champtoceaux.

La Reine blanche (1991).

La Reine blanche (1991).

La Mer à l'aube (2013) avec Léo-Paul Salmain (Guy Môquet), Ulrich Matthes (Ernst Jünger), Christopher Buchholz (Kristukat), Jacob Matschenz (Heinrich).

Lieux de tournage : Nantes, Saint-Nazaire, pointe Saint Gildas, Préfailles.

La Mer à l'aube (2013).

Pages suivante : *Une chambre en ville* (1982) avec Dominique Sanda (Édith Leroyer), Richard Berry (François Guilbaud), Danielle Darrieux (Margot Langlois), Michel Piccoli (Edmond Leroyer). Dominique Sanda, Fabienne Guyon (Violette Pelletier).

Lieux de tournage : à Nantes, rue du Roi-Albert, passage Pommeraye, cours Saint-Pierre, marché du Bouffay, rue Lanoue-Bras-de-Fer et autres lieux.

Quelque part sur la côte…
Les Révoltés de Lomanach (1953) avec Dany Robin (Monique de Lomanach), Amedeo Nazzari (Jacques Barnaud).
Lieux de tournage : Brière, Guérande, La Baule-Escoublac.

Ports, plages, et nouvelles vagues

7

Lieux mythiques, les villes portuaires sont comme les machines de l'île et les géants des mers des chantiers navals : elles font voyager l'imagination, propulsant l'esprit vers de nouveaux mondes. Résultat, les cinéastes mettent ces muses maritimes à toutes les sauces filmiques : et que je te les transfigure, rêve, magnifie, fantasme, déplace, recompose, décompose, compose, chante, enchante, modifie, réagence, stylise, forme, déforme, transforme, reforme, etc. Ces métamorphoses s'imposent comme des sources d'inspiration. Des scénarios (scenarii pour les puristes) émergent, ouverts sur la mer comme sur l'infini. Et les images sortent tout droit de l'imaginaire des réalisateurs, à 24 images/seconde.

Chantiers navals, digue, berge, plage et amoureux de la mer

« *La berge élevée au grade de plage (il fallait y songer !)* ». Dans *Le Bonheur est pour demain* (1962), Henri Fabiani tourne à Saint-Nazaire son unique long-métrage, lui « *qui, depuis des années, rêvait de tourner dans une atmosphère de grands chantiers navals* ». Récompensé à Cannes en 1955 pour *La Grande pêche* (Prix du reportage filmé - court métrage), Henri Fabiani a réalisé de nombreux documentaires. « *J'avais choisi Saint-Nazaire à cause du lancement du* France *et parce que j'ai toujours été un amoureux de la mer et des bateaux* » (*L'Écho de la presqu'île*, 14 septembre 2012). Le film, longtemps invisible, devrait sortir de l'oubli : il fait partie des longs-métrages sélectionnés par le CNC (Centre national du cinéma et de l'image animée) dans le cadre d'une aide à la restauration et à la numérisation des œuvres cinématographiques de patrimoine. *Le Bonheur est pour demain* réunit un couple de jeunes premiers : un inconnu promis à une belle carrière musicale, Jacques Higelin, une actrice dont la notoriété n'a pas dépassé le cap (Horn, bien sûr) des années 1960, Irène Chabrier. Annonçant le tournage, la presse locale de l'époque rapporte que Charles Vanel est pressenti pour jouer dans le film. Mais le capitaine du *Bateau à soupe* (1946), dont le scénario est adapté d'un roman du Nantais Gilbert Dupé et qui a été tourné en partie à Nantes, ne revient finalement pas sur les rives de l'estuaire, manquant ainsi une nouvelle occasion de vivre au cinéma son rêve de jeunesse : « être marin » (Tanguy Perron, *Le cinéma en Bretagne*). En revanche, hasard des films et de la géographie, Gina Manès (1893-1989), l'interprète de « Thérèse » dans

Le Bateau à soupe, tourne une seconde fois dans la région, incarnant « la Patronne » du *Bonheur est pour demain*. Ancienne star du cinéma muet, beauté fatale aux yeux d'émeraude, Gina Manès est, selon certains, *« la plus belle garce du cinéma muet »*. Autre hasard, objectif celui-là, comme celui cher aux surréalistes. Gina Manès, qui tourna donc non loin du quartier du Petit Maroc, fit deux pauses au cours de sa carrière d'actrice, s'expatriant au Maroc, avant de se tourner vers le cirque...

Sensible à la photogénie de Saint-Nazaire, Henri Fabiani filme la beauté « *de l'hallucinant décor nocturne des chantiers navals déserts* », mettant en scène une fiction « *à la gloire des caréneurs et du monde du travail, avec le paquebot* France *comme grandiose toile de fond* ». De fait, le 11 mai 1960, il tourne : « *Le paquebot* France *est lancé. Il a épousé la mer. La mer tant redoutée et tant désirée...* » Lyrisme poético-politique pour ce début de discours du général de Gaulle, écouté par des centaines de milliers, voire des millions d'oreilles : « *Les habitants des régions environnantes arrivent en masse, venus à pied, à vélo, en voiture ou en autocar de la Brière et du pays de Retz tout proche, de la Vendée, de la Normandie ou de la Bretagne. Quatre trains spéciaux de Paris à Saint-Nazaire sont affrétés et des avions viennent de toutes parts avec leurs cohortes de journalistes. La cérémonie est retransmise à la télévision, en Eurovision.* » (ina.fr)

Un univers, d'autres mondes, Demy ou entiers

D'autres cinéastes font des déclarations d'amour en images à l'esthétique portuaire, univers poético-socio-politique. Contemporain du *Bonheur est pour demain*, le mythique *Lola* de Jacques Demy (1961) – « *Vouloir le bonheur, c'est déjà un peu le bonheur* » – immortalise l'ambiance portuaire nantaise, et le bord de mer, La Baule, pour la séquence d'ouverture, avec, notamment, les marins, forains des mers. Le réalisateur les fait aller « *de ville en ville* », de film en film, de port en port – Cherbourg, Rochefort, Marseille – suivant son idée de « *faire cinquante films qui seront tous liés les uns aux autres* ».

Super image d'Épinal *« demyesque »* et nantaise ancrée dans la mémoire collective, le pont transbordeur. Sorte de jeu mécano grandeur nature, peut-être en écho au vrai jeu que Jacques Demy échangea, adolescent, contre une caméra ? Le pont transbordeur est détruit en 1958 mais Demy le veut pour *Une chambre en ville* (1982), qui raconte la grande grève de 1955. Le pont est peint sur une vitre, selon une échelle calculée en fonction du cadre et de l'objectif qui seront utilisés pour les prises de vues. Le cinéaste filme ensuite à travers cette vitre transparente. C'est comme ça que ça se passe au cinéma, quand on a besoin d'un pont de 191 mètres « *constitué d'un tablier suspendu à 50 mètres au-dessus de la Loire, ce qui permet aux navires de passer aisément. Ce tablier, supporté par des pylônes de 75 mètres de hauteur, soutient une nacelle pouvant recevoir 300 passagers.* »

Environ vingt ans plus tard, Jean-Loup Hubert, réalisateur, entre autres, d' *À cause d'elle* (1993), reconstitue le Trentemoult de son enfance dans *La Reine blanche* (1991). Basé sur une documentation fouillée et précise, ce voyage dans un passé proche demande des mois de recherches et de travail à une armée de décorateurs. Soucieux de réalisme, le réalisateur évoque le pont transbordeur avec son équipe de décorateurs, s'apercevant à temps que ledit pont, détruit en 1958, ne pouvait figurer dans son film, dont l'histoire se déroule en 59...

De la grève d'*Une chambre en ville* à *Camarades* (1970) de Marin Karmitz, il n'y a qu'un pont de quelques années, allégrement franchi d'un bond ! Le réalisateur devenu producteur, notamment de Claude Chabrol, et distributeur, fondateur du groupe indépendant MK2, répond en 1987 au journal *Libération*, qui lui demande, comme à 700 autres cinéastes du monde entier : « *Pourquoi filmez-vous ?* » Se référant au souvenir de l'exil qu'il a vécu enfant avec sa famille, pendant la guerre, pour fuir le nazisme, il évoque la possibilité de franchir les frontières grâce au cinéma et « [...] *la possibilité de changer la vie, de transformer un peu la face des choses, de lutter peut-être pour un monde plus juste* [...] *Et donc, j'ai eu envie de filmer.* » En 2001, interviewé pas la Cinémathèque française à propos de *Camarades*, Marin Karmitz se souvient : ce film a été « *une tentative de rentrer avec ma caméra dans un monde que je ne connaissais pas : le monde ouvrier* ».

Continuité d'une démarche, même esprit par-delà les générations. Marc Picavez, en résidence au CCP (Centre de culture populaire), à Saint-Nazaire, réalise *Le Monde est derrière nous* (2012) et *Seamen's Club* (2013), qui est également une exposition (LiFE, 2013) : « *envie d'aller à la rencontre de ces marins inaccessibles* », à la découverte d'un « *déracinement dans un univers clos* ».

Avec *En ville* (2010) « *drame amoureux* » de Valérie Mréjen et Bertrand Schefer, Saint-Nazaire est source d'inspiration : les « *paysages portuaires et industriels, vivants et abstraits, aux lignes épurées* », recherchés par le duo de metteurs en scène, nourrissent leur héros. « *Les paysages, la lumière, l'ampleur des perspectives et cette atmosphère si particulière, qui font déjà songer à des pays lointains, correspondaient exactement à ce que nous avions imaginé pour le travail photographique de notre personnage principal, interprété par Stanislas Merhar* [...] *Saint-Nazaire est une ville très cinématographique.* »

Vrais personnages, « gueule d'atmosphère » et sables émouvants

Entre les réalisateurs des années 1960 et 1970 et ceux de l'an 2000 : Manuel Sanchez. Avec *Les Arcandiers* (1991), il réalise un vieux rêve. Né à « *cent mètres* » de la Loire, « *véritable personnage* » de son film, le cinéaste se sent malheureux dès qu'il s'en éloigne : « *J'ai toujours eu envie de suivre le fleuve jusqu'à la mer* » (*Saint-Nazaire Magazine*, n° 37, 1991).

Encore un autre univers avec *Le Poulpe* de Guillaume Nicloux (1997), qui soulève une petite polémique, la municipalité trouvant que le film présente la ville de façon caricaturale, ce dont se défendent scénaristes et réalisateur. « *On a écrit en pensant à cette ville, qu'on a envisagée comme un vrai personnage. On a voulu mettre en valeur l'atmosphère particulière de Saint-Nazaire, l'architecture, les éclairages de Yann Kersalé... Et restituer l'ambiance du port, la nuit, propice au polar.* » (*Presse-Océan L'Éclair*, 31 juillet 2011). « Atmosphère ? Atmosphère ? » etc.

Des grèves des chantiers navals aux grèves de l'océan, plages et criques de sable fin ou de rochers, le cinéma fait franchir toutes sortes de frontières aux spectateurs, ignorant la chronologie et se jouant de la réalité : « *faire rêver, faire peur, en mentant du mieux possible* » souhaite Guillaume Nicloux.

Époques et ambiances différentes pour deux films sortis en 1954 : *La Fille perdue* de Jean Gourguet et *Les Révoltés de Lomanach* de Richard Pottier. Parmi les figurants de ce dernier film : Jacques Demy et Bernard Toublanc-Michel. Le second est assistant-réalisateur du premier, notamment sur *Lola*, avant de réaliser lui-même des films, dont *Adolphe ou l'âge tendre* (1968). Le film est tourné au Cellier, là même où se trouve le Musée de

Louis, consacré à Louis de Funès, et à Ancenis, ville natale de Jacqueline Moreau, créatrice de costumes qui travailla notamment avec Jacques Demy...

Mais revenons à nos grains de sable, éparpillés le long de la Côte d'Amour : Vincent Lindon tourne *La Baule-Les Pins* (1990) de Diane Kurys avant *Mercredi folle journée* de Pascal Thomas (2001), qui recompose la ville « *en inventant une plage sur la rive sud de la Loire* ». *Debout les crabes, la mer monte !* (1983) de Jean-Jacques Grand-Jouan, « *étrange petit film qui n'est pas ce dont il a l'air, et qui n'a pas l'air de ce qu'il est* » (VSD, 18/08/83) où apparaît Luis Rego, également présent dans *Maine Océan* de Jacques Rozier (1986).

Impossible d'arpenter les plages adoptées par les cinéastes sans évoquer celle de Saint-Marc, commune de Saint-Nazaire, où l'empreinte de Monsieur Hulot est incrustée à tout jamais dans des sables émouvants : « *patrimoine culturel de la ville* », *Les Vacances de Monsieur Hulot* (1953) « *fait partie intégrante de l'histoire de Saint-Nazaire* » (*L'Écho de la presqu'île*, 28 juin 2013).

Auteur de BD, Pascal Rabaté réalise *Ni à vendre ni à louer* en 2011, film choral sur un week-end au bord de la mer, sans dialogues, façon Hulot. C'est le seul point de comparaison, les deux univers étant très éloignés l'un de l'autre. « *Je suis passé par le mouvement punk* », explique Pascal Rabaté.

Sur la plage, la page est tournée.

La statue de Monsieur Hulot-Jacques Tati scrute à jamais l'horizon marin à Saint-Marc-sur-Mer.
Les Vacances de Monsieur Hulot (1953) avec Jacques Tati (Monsieur Hulot), Nathalie Pascaud (Martine).
Lieux de tournage : Saint-Marc-sur-Mer, Saint-Nazaire, Studios de Boulogne-Billancourt.

Jolie starlette à l'escabeau.
La Fille perdue (1954) avec Claudine Dupuis (Marguerite), Dora Doll (Suzy).
Lieux de tournage : Nantes, Noirmoutier.

Jacques Higelin (de dos) et Henri Crolla, avec le France en arrière-plan.
Le Bonheur est pour demain (ex *Au bout la soupe*, 1962) avec Jacques Higelin (Alain), Irène Chabrier (Annie) Henri Crolla (José), Gina Manès (La patronne).

Lieux de tournage : Saint-Nazaire, Brière.

Jean-Pierre Darroussin face à la ville. *Le Poulpe* (1998) avec Jean-Pierre Darroussin (Gabriel), Clotilde Courau (Cheryl). Lieu de tournage : Saint-Nazaire.

En ville (2010) avec Lola Creton (Iris) et Stanislas Merhar (Jean). Les deux comédiens face à face. Lieu de tournage : Saint-Nazaire.

Seamen's Club (2013), exposition photographique dans le cadre de la résidence de Marc Picavez au CCP (Centre de culture populaire) de Saint-Nazaire. Nuit et lumières. Lieux de tournage : Saint-Nazaire et en mer.

Ambiance portuaire nocturne. *Le Poulpe* (1998).

Jacques Higelin.
Le Bonheur est pour demain (ex *Au bout la soupe*, 1962).

Le Bonheur est pour demain (ex *Au bout la soupe*, 1962).

Jean-Paul Giquel.
Camarades (1970) avec Juliet Berto (Juliette), Jean-Paul Giquel (Yan).
Lieu de tournage : Saint-Nazaire.

Tournage au port.
Les Arcandiers (1991) avec Simon de La Brosse (Tonio), Dominique Pinon (Bruno), Charles Schneider (Hercule), Géraldine Pailhas (Véronique).
Lieu de tournage : Saint-Nazaire, bords de Loire.

Le port et la nuit.
Seamen's Club (2013), exposition photographique dans le cadre de la résidence de Marc Picavez au CCP (Centre de culture populaire) de Saint-Nazaire.
Lieu de tournage : Saint-Nazaire et en mer.

Maria de Medeiros et François Damiens à la plage.
Ni à vendre ni à louer (2011) Jacques Gamblin (Monsieur Cerf-volant), Maria de Medeiros (Madame Collier), François Damiens (Monsieur Fraises), François Morel (Le père de la famille à la tente).

Lieux de tournage : Nantes, Le Croisic.

Photo de vacances. Debout, de gauche à droite : Richard Berry, Nathalie Baye, Vincent Lindon,
Zabou Breitman, Jean-Pierre Bacri. Devant : Valeria Bruni-Tedeschi.
La Baule-les-Pins (1990) avec Richard Berry (Michel), Jean-Pierre Bacri (Léon), Vincent Lindon (Jean-Claude).

Lieux de tournage : Saint-Marc-sur-Mer, Saint-Nazaire, La Baule-Escoublac, Le Pouliguen, La Turballe, Le Croisic, Saint-Brévin, Le Pouliguen, Pornichet.

Altemer le cynique (1924), avec Constant Rémy (Altemer) Geneviève Félix (Gina Zunga).
Lieux de tournage : La Baule-Escoublac, Le Pouliguen.

Histoires d'eaux

8

Douce, ou bien salée ? Stagnante, sujette à marée ou à débit irrégulier ? Navigable ? Attirante et effrayante, rêvée, mythique, complice, érotique ou mélancolique. Portuaire et fluviale, de mer ou d'étang, de marais et de rivières, de ruisseaux, de flaques et de rigoles... Que d'eau. Que d'eaux !

« *Water, water everywhere and not a drop to drink !* » s'étonnait Jean-Claude Brialy dans *Kennedy et moi* de Sam Karmann (1999).

À Nantes et à Saint-Nazaire, villes portuaires, villes d'estuaire, et tout autour d'elles, l'eau est là. Nul besoin de mettre le holà ! Entre terre et mer, Loire et océan, sa présence irrigue l'histoire des deux villes. Illuminant le paysage urbain, l'eau structure l'espace et nourrit l'imaginaire des cinéastes, ces peintres du monde moderne. Rien d'étonnant : quoi de plus visuel que des reflets dans l'eau, la réverbération, le miroitement du soleil au zénith, l'embrasement de l'océan au soleil couchant, la douce lueur de l'aube, les averses tombant dru sur le fleuve, les changements de teintes et de densité au crépuscule sur le marais ?

Dès les années 1920, les cinéastes viennent filmer dans la région. Georges Monca et Maurice Kéroul ont tourné un sombre mélodrame oublié, tout comme ses deux auteurs et ses interprètes, *Altemer le cynique* (1924) : l'action se déroule dans « *un port méditerranéen* »... à la mode de Bretagne, puisque des prises de vues ont eu lieu à La Baule et au Pouliguen. Saupoudrez de quelques clichés : « *café-concert de bas étage, une brute, une blonde ravissante et Alberic Altemer, louche personnage.* » Ajoutez un crime. C'est prêt, mais ça ne s'est pas vraiment bien conservé. Il n'y a guère de traces d'*Altemer le cynique*.

Même décennie, autre ambiance, avec *La Brière* de Léon Poirier (1926), qui a devancé Henri Fabiani et Jacques Perrin : le splendide cadre naturel du marais de Brière a séduit le premier pour *Le Bonheur est pour demain* (1962) et le second pour quelques plans du *Peuple migrateur* (2001). Le film de Léon Poirier réapparaît de temps en temps, d'un siècle à l'autre : restauré en 1982 par la Cinémathèque française, il est projeté en 2000 à la Maison de la culture de Loire-Atlantique, à Nantes. Un « *document rare* » relève l'article de Presse-Océan *(L'Éclair)* qui note que le réalisateur, neveu du peintre Berthe Morisot, « *transcrit la beauté plastique des paysages* » et que la photographie « *révèle la magie des canaux voilés par la brume, la fumée des feux de la tourbe, la terre et l'eau entremêlées* ». L'article nous apprend aussi que *La Brière* a été projeté « *pour la première fois à Nantes au Katorza en 1925* ». Il sera à nouveau montré en 2012 à Piriac-sur-Mer. Le scénario, adaptation d'un roman d'Alphonse de Châteaubriant (Grand prix de l'Académie française 1923), raconte le puissant attachement que le garde-chasse Aoustin éprouve pour le marais.

Un film documentaire historique du CNRS, *Caillotte* (1989), nous plonge dans la Loire : deux frères pêchent l'anguille dans le fleuve, l'un d'eux est hanté par leur ancêtre, Caillotte, « *marin et passeur de sel* ».

Autre univers, celui des marins modernes, avec l'exposition *Seamen's Club* du cinéaste Marc Picavez au LiFE (Lieu international des formes émergentes) de Saint-Nazaire (2013). Drôle de vie pas toujours drôle : « *grands ports industriels, leur éloignement des centres-villes, leur repli sécuritaire ainsi que la brièveté des escales transforment les marins en silhouettes éphémères. Le romantisme des escales d'autrefois est dépassé, la vie des marins a changé.* »

Parfum d'aventure et d'exotisme en revanche pour Yvon Legualoudec, le marin de *La Reine blanche* (1991) campé par Bernard Giraudeau (marin dans la vraie vie, avant de voguer vers le cinéma), qui revient au pays, près du fleuve, après vingt ans passés à parcourir le vaste monde. Pour les besoins du tournage, le petit village de Trentemoult a vécu plusieurs mois au « *passé recomposé* » selon la jolie formule d'un journaliste de l'époque, dans un décor des années 60. Antoine, le héros d'un autre film du même réalisateur, Jean-Loup Hubert, né à Nantes et ayant vécu à Rezé, quitte au contraire la Loire *À cause d'elle* (1993).

Descente du fleuve pour *Les Arcandiers* de Manuel Sanchez (1991), qui rêvent de s'embarquer pour le Brésil mais ne quitteront pas les quais de Saint-Nazaire, où ils « s'échouent » au terme de leur périple. Ces dilettantes fantaisistes, un peu paumés et velléitaires sont les héros d'une sorte de *road movie* à l'horizon bouché, dont le projet tombera à l'eau... Dans la région de Nevers, les arcandiers, explique le réalisateur, sont des « mauvais garçons ». Manuel Sanchez précise : « *En fait, c'est l'histoire de trois paumés, trois "nazes", qui descendent la Loire avec l'espoir de s'embarquer pour le Brésil. Et les trois nazes en rencontrent un quatrième à Saint-Nazaire.* » *Les arcandiers*, un film « *très noir... mais l'histoire est traitée sur un mode comique. On rit dans ce film qui oscille entre tragédie et comédie.* » (Interview à *Saint-Nazaire Magazine*, n° 37, avril 1991) Quatre nazes dans le vent, tragi-comédie, entre Saint-Nazaire et Saint-Naz'Rire, le magasin « Relais de la fête », location de vêtements et d'accessoires (97, avenue de la République, Saint-Nazaire). Un magasin d'ailleurs repéré par Mathieu Amalric avant le tournage de *Tournée* : Le magasin « *est fait pour elles* [les artistes du New Burlesque]. *Le monsieur, qui est très gentil, m'avait montré tous les costumes.* » (*Ouest-France*, 3 juin 2010)

Plus récemment, *En ville* de Valérie Mréjen (2011) mais cette fois sans chambre (!), met en scène et non en Seine, la Loire et l'estuaire. Ce long métrage déroule un drame sentimental le long du fleuve et, comme chez Rohmer, ce sont les lieux qui font les êtres. Au bout du chemin, le fleuve, la porte océane, l'immensité de l'Atlantique dans lesquels se perdent les sentiments évanescents. Une histoire d'eau... ça coule de source !

Pleins feux sur l'assassin (1961) avec Pierre Brasseur (Hervé de Kéraudren), Jean-Louis Trintignant (Jean-Marie), Dany Saval (Micheline).
Lieux de tournage : Château de Goulaine, château de la Bretesche à Missillac.

Page suivante : *La Brière* (1926) avec José Davert (Aoustin).
Lieux de tournage : Brière, Saint-Joachim.

ci-dessus et ci-contre : *La Reine blanche* (1991) avec Catherine Deneuve (Liliane Ripoche), Bernard Giraudeau (Yvon Legualoudec), Richard Borhinger (Jean Ripoche), Jean Carmet (Lucien, père de Liliane).

Lieux de tournage : Nantes, Trentemoult.

Page suivante : Trucage : en pleine préparation du glass shot du pont transbordeur.
Une chambre en ville (1982) avec Dominique Sanda (Édith Leroyer), Richard Berry (François Guilbaud), Danielle Darrieux (Margot Langlois), Michel Piccoli (Edmond Leroyer), Fabienne Guyon (Violette Pelletier).

Lieux de tournage : à Nantes, rue du Roi-Albert, passage Pommeraye, cours Saint-Pierre, marché du Bouffay, rue Lanoue-Bras-de-Fer et autres lieux.

BAUCIERE

Grand bleu et perspective…

...rouge.
Seamen's Club (2013), exposition photographique dans le cadre de la résidence de Marc Picavez au CCP (Centre de culture populaire) de Saint-Nazaire.

Lieux de tournage : Saint-Nazaire et en mer.

Joutes nautiques à Trentemoult comme dans les années 1960.
La Reine blanche (1991).

Caillotte (1989). Évocation poétique de la vie d'un passeur de sel du XVIIIe siècle.
Lieu de tournage : La Loire.

Au bord du fleuve.
Les Arcandiers (1991) avec Simon de La Brosse (Tonio), Dominique Pinon (Bruno), Charles Schneider (Hercule), Géraldine Pailhas (Véronique).
Lieux de tournage : Saint-Nazaire, bords de Loire.

Stanislas Mehrar, le photographe au port.
En ville (2010) avec Lola Creton (Iris) et Stanislas Merhar (Jean).
Lieu de tournage : Saint-Nazaire.

Le fleuve en lumières.
Mercredi folle journée (2001) avec Vincent Lindon (Martin Socaoa), Alessandra Martines (Madame Socoa).
Lieu de tournage : Nantes.

Une image faramineuse !
Le Poulpe (1998) avec Jean-Pierre Darroussin (Gabriel), Clotilde Courau (Cheryl).
Lieu de tournage : Saint-Nazaire.

Instants choisis du tournage d'un film-culte, instantanés d'inoubliables vacances de cinéma.
Les Vacances de Monsieur Hulot (1953) avec Jacques Tati (Monsieur Hulot), Nathalie Pascaud (Martine).
Lieux de tournage : Saint-Marc-sur-Mer, Saint-Nazaire, Studios de Boulogne-Billancourt.

L'ESTUAIRE EN VACANCES

9

En 1951, après plus de six mois de recherches, Jacques Tati trouve enfin le décor idéal pour le tournage qu'il prépare : un hôtel en bord de mer avec accès direct à la plage, quelques rochers. D'abord intitulé *Tati 2* puis *Les Vacances*, ce long-métrage est le deuxième d'une série de six : *Jour de Fête* (1947), *Mon oncle* (1957), *Playtime* (1964), *Trafic* (1970) et *Parade* (1974). C'est sous un titre légèrement différent, *Les Vacances de Monsieur Hulot* (1953), que le film entre dans l'histoire du cinéma : un classique universel mis en scène par un « *poète de la pellicule* », selon la jolie formule de Boris Vian. Ces images, « *une heure de vacances* » que le « *citadin* » se paie « *pour 150 francs* », disait le réalisateur, rendent célèbre ce qui va devenir au fil des ans un « *décor mythique de l'histoire du cinéma* », assurant une renommée mondiale à Saint-Marc, petite station balnéaire de la commune de Saint-Nazaire. « *Quelle réclame !* » s'exclame un habitant. Les anciens « *ont ajouté le cinéma à leurs deux sujets de conversation préférés : les bateaux de Penhoët et la guerre qui a tout cassé* » ou encore, selon Brigitte Bar, qui tenait le bar Le Lagon (en 1999) : « *Quand les anciens viennent au café, il y a toujours deux sujets de discussion qui reviennent : les Chantiers de l'Atlantique et le film de Jacques Tati.* »

« *Ce que je veux rendre, c'est la vie toute simple, c'est l'atmosphère des vacances* » disait Tati à propos de son film. Entre le décor et le personnage principal, l'amourette de vacances va se transformer en grand amour. Ils vécurent heureux et eurent beaucoup d'enfants :

– L'inconditionnel, « *Tatimaniaque militant* »

– Le nostalgique, signataire de la pétition qui circula en 2009 « *pour que Saint-Marc conserve l'authenticité de ce qui reste présent du Saint-Marc d'il y a quarante ans* »

– Le sentimental : « *C'est toute ma jeunesse que je retrouve* »

– Le cinéphile : « *Un film-culte pour Saint-Nazaire* »

– L'émotif : « *C'est toute mon enfance qui remonte à chaque fois que je le revois* »

– Le péremptoire : « *À Saint-Marc, un été sans Tati n'est pas un été comme les autres* »

– Le scientifique : « *Je classe l'humanité en deux catégories : ceux qui ont vu le film, ceux qui ne l'ont pas encore vu* »

– Le musicien, compositeur d'un « *tatiphone* », spectacle de musique donné à l'occasion du 60e anniversaire du tournage

– Le touriste, français ou étranger et, dans ce dernier cas, souvent anglais, fan de l'humour burlesque de ce natif du Pecq (Yvelines) : « *La room de Monsieur Hulot, please* »

– Les adultes qui furent enfants entre juillet et octobre 1951, durant les cent huit jours de tournage étalés sur deux saisons, « *été pourri* » oblige : Régis, Maryse et Pierre ; Jean-Louis, Jean-Claude et Jean-Noël ; Claudine, Christian, Jeannine et Michel. Et tous les autres. Ils gardent ces souvenirs dans la mémoire de leur cœur : la Jeep, dans laquelle le réalisateur venait les chercher pour les emmener sur le tournage, avec des arguments convaincants : des sucettes « *Pierrot Gourmand au lait* » ; l'homme, « *un grand bonhomme, très simple et correct avec tout le monde* » ; le spectacle des cinéastes au travail : « *On ne comprenait rien du tout, on attendait* », etc.

Saint-Marc honore la mémoire du film avec constance. Célébrations de l'anniversaire du tournage : 48 ans, 50 ans, 52 ans, 55 ans, 60 ans. Statue en bronze de Monsieur Hulot, qui se dresse face à l'océan depuis 1999, dominant La plage, rebaptisée « plage de Monsieur Hulot ». Place de la Poste désormais place Jacques-Tati. C'est un lien fidèle, comme une tendre osmose, qui unit la bourgade de 5 000 habitants à son film fétiche. Une union forte qui dure, résistant au temps qui passe. Saint-Marc et Les *Vacances de Monsieur Hulot* ou la rencontre de deux destins au croisement de la géographie et de l'Histoire avec un grand « H ». Le 15 août 1951, été du tournage, le maire de Saint-Marc (de 1925 à 1941 puis de 1945 à 1968), François Blancho, inaugure le cinéma Jean-Bart. Dix ans auparavant, le 21 octobre 1941, « *les autorités allemandes arrêtent François Blancho en représailles à l'assassinat à Nantes du lieutenant-colonel Karl Hotz par des résistants la veille* ». Inscrit sur une seconde liste de cinquante otages, le maire de Saint-Marc survivra. Les cinquante otages de la première liste, dont ceux de Châteaubriant, parmi lesquels Guy Môquet, sont exécutés. En 2012, Volker Schlöndorff met en images cette page d'histoire à Nantes, pour Arte. *La Mer à l'aube, « premier film réalisé par un cinéaste allemand sur l'Occupation »* selon le site de la chaîne franco-allemande, est récompensé par un Fipa d'Or (2012) : meilleure interprétation masculine pour Léo Paul Salmain qui joue le rôle de Guy Môquet. Volker Schlöndorff reçoit le prix du meilleur réalisateur au Festival de Luchon.

L'air de la région réussit aux films ! L'année 53 est faste pour *Les Vacances de Monsieur Hulot* : Prix de la critique internationale au Festival de Cannes ; Prix Louis-Delluc ; Prix Femina, Bruxelles ; Prix du Festival de Berlin. En 1954, l'association des critiques de cinéma classe le film parmi les 10 meilleurs de l'année. 1955 : Golden Laurel Award, Festival du Film d'Edimbourg. 1956 : Meilleur film de l'année, Cuba. En 2005, le British Film Institute inclut *Les Vacances de Monsieur Hulot* dans la liste des « *50 films à voir avant d'avoir 14 ans* ». Retour aux sources en 2009, avec la version restaurée projetée au Festival de Cannes, dans la section Cannes Classics : « *On a conservé la dernière version, celle de 1978, voulue par Jacques Tati, lui qui avait poursuivi le processus de création pendant plus de vingt-cinq ans.* »

En 1978 justement, alors que le film va sortir aux États-Unis, Tati revient à Saint-Marc et tourne la scène du canoë aux allures de requin, clin d'œil à un jeune réalisateur de 32 ans, Steven Spielberg (*Les Dents de la mer*, 1975). Le cinéma se joue de l'espace et du temps : d'Hollywood, Californie au « *mini-Hollywood* », surnom que la presse locale donne à Saint-Marc au moment du tournage des *Vacances de Monsieur Hulot*. Et d'Hollywood, Californie, royaume du cinéma, à la « *Californie bretonne* » surnom de Saint-Nazaire au XIXe siècle.

Le cinéma aime le mélange des genres. Jacques Lourcelles écrit dans son *Dictionnaire des films* que *Les Vacances de Monsieur Hulot* est « *le plus burlesque des films français et le plus français des films burlesques* ». C'est à Nantes que Mathieu Amalric découvre le spectacle de New Burlesque d'une troupe de comédiennes américaines qui lui inspireront son film *Tournée (2010)*. Les prises de vues ont lieu dans plusieurs villes portuaires : Le Havre, La Rochelle, Nantes et Saint-Nazaire (ancienne salle du VIP). Mathieu Amalric obtient le prix de la mise en scène au Festival de Cannes 2010.

Pas de doute : rien de meilleur qu'un bon bol d'air en « *Californie bretonne* » et plus précisément sur la plage de Saint-Marc pour les cinéastes en mal de récompenses internationales ! Pour de la reconnaissance, un réalisateur doit désormais prendre la route des vacances !

L DE LA PLAGE
ENTREE DE L'HOTEL

S.I
StMARC S/MER

Régis Tertrais, enfant de Saint-Marc et acteur cher à Tati.

GLACES

La Glu (1927) avec Germaine Rouer et (1937) avec Marie Bell dans le rôle-titre.
Lieux de tournage : Guérande, Le Croisic.

Love story(s)
aux moulins de nos cœurs

10

L'amour, toujours l'amour... Inépuisable source d'inspiration pour les artistes et les créateurs en tout genre. Histoires d'amour, chansons d'amour, plaisirs d'amour, chagrins d'amour, mourir d'amour, tuer par amour, vivre d'amour et d'eau fraîche, puisée localement comme il se doit, dans la Loire, l'océan, les marais briérons ou l'Erdre. Sans oublier les amours dites assassines, clandestines, coupables, ancillaires, tarifées. Et pour finir (pas en beauté) l'amour de l'argent et du pouvoir.

Voguons de film en film, comme un roquio détourné de sa voie (navigable) et qui aurait perdu le nord, errant de port en embarcadère, accostant sur un quai puis reprenant sa dérive au fil du fleuve, poussé par le vent d'ouest, de Trentemoult à Rohans, Indret ou Le Pellerin.

Il y a l'incontournable archipel Demy, avec la tragique histoire de la belle « Edith de Nantes » et la si (do ré mi fa sol si do) charmante légèreté d'une Lola papillonnante : « Lo » pour les deux premières lettres de Loire et le jeu de sonorités sur l'eau. « La », pour le L-A de Loire-Atlantique, qui donne le *la* aux films, en-chanté ou pas...

Il y a aussi le quatuor de Jean-Loup Hubert, des films égrenés sur une décennie, du *Grand Chemin* (1987) à *Marthe* (1997), en passant par *La Reine blanche* (1991) et *À cause d'elle* (1993). *Marthe* entraîne le spectateur dans le passé, à l'époque de la Grande Guerre, au temps de l'amour entre une institutrice (Clotilde Courau) et un soldat (Guillaume Depardieu). Blessé au combat, il est en convalescence sur les rivages atlantiques : « *Très loin du front. Un endroit hors du monde, une presqu'île de sable et de rochers échouée entre ciel et mer. Un univers apaisé, presque irréel à ces soldats revenus d'un gouffre où tous pensaient être engloutis... Ici, les blessures se referment et les hommes renaissent à la vie, à leurs désirs, à leurs rêves* », souligne le synopsis de la Bibliothèque du film (Cinémathèque française).

Et puis viennent les îlots, isolés, disséminés, flottants ! Ils sont ballotés entre estuaire et bord de mer, dans les villes, sous les ponts, dans un étang : *Pleins feux sur l'assassin* (1961), sur un scénario de Boileau-Narcejac. Thomas Narcejac, de son vrai nom Pierre Ayraud, qui fut professeur au lycée Clemenceau. Et dont une rue de Nantes porte le nom de plume depuis le 12 octobre 2012. La rue Thomas-Narcejac est située non loin d'un arrêt du bus n° 24, « Pompidou, Île de Nantes/Île Beaulieu. »

Lutte des classes et amour en classe, sombre mélodrame amoureux ou histoire d'amour sur fond d'Histoire, loufoqueries, exercice de style… Les films sont éclectiques, mettant en scène des personnages aussi différents que les univers créés par les images : bourgeois, ouvriers, assassins, profs, soldats, institutrices et bien d'autres encore. Des histoires d'amour parfois mêlées de haine, de violence et de passion, de clichés et de jeux, de hasard et d'Histoire, qui s'accordent à l'esprit de la ville. Le personnage d'Albert, dit Mozart, musicien raté de *La Rue du Pied-de-grue* de Jean-Jacques Grand-Jouan (1979), avec Philippe Noiret, porte bien son surnom, pour un film tourné dans une ville où se déroule depuis 1995 La Folle Journée, événement qui emprunte son nom à la pièce de Beaumarchais dont Mozart a tiré un opéra : *La Folle journée* ou *Le Mariage de Figaro* « *En faveur du badinage, Faites grâce à la raison.* »

Entre badinage et raison, entre drame et comédie, entre terre et mer : « *Ni tout à fait terrienne, ni tout à fait maritime, mi-chair, mi-poisson, juste ce qu'il faut pour faire une sirène* », écrit Julien Gracq à propos de Nantes.

Sirènes de l'amour, mais pas seulement : Bernard Toublan-Michel (né à Ancenis) tourne à la caserne Mellinet quelques scènes d'*Adolphe ou l'âge tendre* (1968), avec Philippe Noiret, encore lui, Nantais d'adoption le temps de deux films. Le décorateur s'appelle Bernard Evein (né à Ancenis), collaborateur de Jacques Demy (né à Pont-Château). Histoires d'amour en musique, musique militaire et musiques de films. Tout finit par des chansons, comme dans le cinéma de Jacques Demy, et au rythme des ailes des moulins, comme dans la chanson de Michel Legrand *Les moulins de mon cœur* (*The Windmills of my heart*, *L'Affaire Thomas Crown*, 1968). Le musicien – « *la moitié de Demy* », écrit-il dans son autobiographie *Rien n'est grave dans les aigus* (avec la collaboration de Stéphane Lerouge, éditions Le Cherche-Midi) – reçoit un Oscar pour la musique du film de Norman Jewison. Le cinéma est un petit monde fait de hasards et de rencontres : le principal rôle féminin de *L'Affaire Thomas Crown*, interprété par Faye Dunaway, avait d'abord été proposé à… Anouk Aimé, l'inoubliable Lola de Demy. Des films, des chansons et la roue du hasard qui tourne comme les moulins, moulin à marée d'Indret, moulins à vent… d'ouest, bien sûr ! « *Une pierre que l'on jette / Dans l'eau vive d'un ruisseau / Et qui laisse derrière elle / Des milliers de ronds dans l'eau / Au vent des quatre saisons / Tu fais tourner de ton nom / Tous les moulins de mon cœur* »

Richard Berry et Fabienne Guyon.
Une chambre en ville (1982) avec Dominique Sanda (Édith Leroyer), Richard Berry (François Guilbaud),
Danielle Darrieux (Margot Langlois), Michel Piccoli (Edmond Leroyer), Fabienne Guyon (Violette Pelletier).
Lieux de tournage : Nantes - rue du Roi-Albert, passage Pommeraye, cours Saint-Pierre, marché du Bouffay, rue Lanoue-Bras-de-Fer et autres lieux.

Anouk Aimé et Marc Michel (Roland Cassard). *Lola* (1961) avec Anouk Aimé dans le rôle-titre.
Lieux de tournage : Nantes - rue du Calvaire, rue Kervégan, place de la Petite-Hollande, passage Pommeraye, cafés du quai de la Fosse, quai de la Maison Rouge ; La Baule.

Jean-Louis Trintignant et Dany Saval.
Pleins feux sur l'assassin (1961) avec Pierre Brasseur (Hervé de Kéraudren), Jean-Louis Trintignant (Jean-Marie), Dany Saval (Micheline).
Lieux de tournage : Château de Goulaine, château de la Bretesche à Missillac.

Baiser d'été, avec Marie-France Boyer.
Les Baisers, film à sketches (1965)
Lieux de tournage : Le Croisic, Îlot des Evens (au large de La Baule).

Richard Berry et Dominique Sanda.

Une chambre en ville (1982) avec Dominique Sanda (Édith Leroyer), Richard Berry (François Guilbaud), Danielle Darrieux (Margot Langlois), Michel Piccoli (Edmond Leroyer), Fabienne Guyon (Violette Pelletier).

Lieux de tournage : à Nantes rue du Roi-Albert, passage Pommeraye, cours Saint-Pierre, marché du Bouffay, rue Lanoue-Bras-de-Fer et autres lieux.

Une chambre en ville (1982).

Page suivante : Michel Constantin et Cathy Rosier.
Le Mataf (1973) avec Michel Constantin (Bernard), Annie Cordy (Nina), Cathy Rosier (Cathy).
Lieux de tournage : à Nantes, Café de la Bourse, place du Commerce, quai Wilson, chantiers Dubigeon, passage Pommeraye, Théâtre Graslin ; Le Pouliguen. Paris.

Catherine Deneuve et Richard Borhinger.
La Reine blanche (1991) avec Catherine Deneuve (Liliane Ripoche), Bernard Giraudeau (Yvon Legualoudec), Richard Borhinger (Jean Ripoche), Jean Carmet (Lucien, père de Liliane).

Lieux de tournage : Nantes, Trentemoult.

Philippe Noiret et Maria Mauban.
Adolphe ou l'âge tendre (1968) avec Philippe Noiret (Pourtalain), Jean-Claude Dauphin (Henri/Adolphe).
Lieux de tournage : Nantes, Le Cellier, Ancenis.

Rue du Pied-de-grue (1979) avec Philippe Noiret (Raymond Picard), Pascale Audret (Lulu), Jacques Dufilho (Le commissaire).
Lieux de tournage : à Nantes, avenue Camus, pont Saint-Michel ; Paimbœuf ; La Chapelle-sur-Erdre.

Pleins feux sur l'assassin (1961).

Géraldine Pailhas et Dominique Pinon.
Les Arcandiers (1991) avec Simon de La Brosse (Tonio), Dominique Pinon (Bruno), Charles Schneider (Hercule), Géraldine Pailhas (Véronique).

Lieux de tournage : Saint-Nazaire, bords de Loire.

Marthe ou la promesse du jour (1997) avec Clothilde Courau (Marthe), Guillaume Depardieu (Simon), Bernard Giraudeau (Le colonel), Gérard Jugnot (Henri).

Lieux de tournage : Guérande, Le Croisic.

Lola Creton.
En ville (2010) avec Lola Creton (Iris) et Stanislas Merhar (Jean).
Lieu de tournage : Saint-Nazaire.

NANTES ET SAINT-NAZAIRE, ENTRE RÊVES ET RÉALITÉS

11

« *Entre réserves naturelles fragiles et bâtiments industriels gigantesques, l'estuaire de la Loire est un territoire complexe. Dédales de petits chemins, enchevêtrements d'étiers, portes d'entrées multiples à sa découverte : les œuvres d'Estuaire sont le fil d'Ariane d'un espace en mutation incessante.* » Le long des soixante kilomètres qui séparent Nantes de Saint-Nazaire et de l'océan, le cinéma, lui, déroule son film d'Ariane ! Les films ouvrent une porte, entrebâillent une fenêtre, plongent sur un quai, scrutent un panorama urbain, conviant le spectateur à une escapade au cœur des marais. Ils naviguent entre rêves et réalités.

Ciels changeants aux couleurs mouvantes, entre terre et mer, au gré des vents d'ouest, le mauvais temps qui fait rage à l'ombre des nuages : « *Une certaine lumière et qualité de l'air* », note un journaliste à propos du film de Valérie Mréjen et Bertrand Schefer, *En ville* (2011). « *Les façades grises de la base sous-marine qui plonge dans le bassin* » servent de cadre à ce « *drame amoureux* » entre une ado et un photographe quadragénaire. Un drame qui d'ailleurs est « *plutôt un conte* », selon Bertrand Schefer. Rendant hommage à « *la précieuse figuration bénévole à Nantes et Saint-Nazaire* » Valérie Mréjen souligne l'aspect « *très cinégénique* » de Saint-Nazaire, dont elle aime les ambiances : « *C'est vraiment un lieu incroyable.* » La presse locale titre d'ailleurs, à propos de ce tournage : « *Le port, un vrai décor de film* ».

En ville. Le titre de ce conte moderne semble faire écho à un film des années 1980, tourné dans l'autre grande ville de l'estuaire : *Une chambre en ville*. Distance entre deux films et deux univers : années et kilomètres, le long du fleuve. Sans oublier les kilomètres de pellicule !

Distance et onirisme encore chez Marc Picavez, lorsqu'il déclare dans un entretien sur *Seamen's Club*, lors de l'exposition qui s'est tenue en 2013 à Saint-Nazaire dans la continuité de sa résidence au CCP (Centre de culture populaire) de la ville : « *J'ai toujours été mystérieusement attiré par le lointain* [...] *J'ai été happé par l'univers des docks.* » Le réalisateur s'est attaché à aller à la rencontre de ces marins de la mondialisation : « *J'ai cherché à savoir qui ils étaient, eux qui naviguent loin de chez eux des mois durant.*

Comment vivent-ils le temps d'une escale, d'une mission ? Comment incarnent-ils un état du monde ? [...] *Très vite, lors de nos premiers échanges, j'ai été frappé de leur mode de vie, une certaine forme d'errance.* [...] *Ils errent sur les docks, sans parler la langue, en serrant les dents. Au milieu de ce décor parfois irréel, on trouve des marins en errance.* »

Changement de direction radical, (free) style bourrasque par jour de grand vent avec *Mercredi folle journée* ! de Pascal Thomas (2001), comédie au programme chargé en péripéties, tournée à Nantes parce que le réalisateur a été « *bouleversé* » par la lumière de la ville. Pas de quoi en faire un drame ! Mais une comédie, en revanche... Au plus près des Nantais, figurants ou photographe « accrédité » par le réalisateur : Gilles Tartrou, passionné de cinéma et de photo, a suivi tout le tournage, mitraillant tous azimuts, véritable œil du cyclone cinéma ! Dans un article de *Nantes Passion* consacré à plusieurs films ayant « *marqué l'imaginaire* » de la ville et « *laissé une empreinte durable* », Alain-Pierre Daguin évoque la « *vraie puissance poétique* » du film, auquel il trouve « *énormément de grâce* ». Peut-être, entre autres, parce que le cinéaste a su rendre hommage à la ville ? « [...] *faire un tour en ville avec* Mercredi folle journée, *film dans lequel Pascal Thomas prend vraiment le temps de parcourir rues et places de Nantes avec un détour dans le quartier de Chantenay et un autre du côté de Vertou. Pascal Thomas crée sa propre forme de la ville, d'autant plus vraie qu'elle est à l'évidence rêvée.* »

Du rêve sur les rives de l'estuaire grâce au cinéma. Dans sa préface au livre de Yannick Pasquet *Mes nuits américaines*, Patrice Leconte écrit que ce livre est une façon pour son auteur de dire « *Merci* » à tous ceux qui l'ont fait rêver par leurs films, mêmes s'ils ne les a, bien sûr, pas tous rencontrés ou connus : « *Merci de m'avoir fait rêver, merci de m'avoir ému, fait rire, touché, charmé, merci de m'avoir emporté ailleurs.* »

Le mot de la fin ? À un film, *Le Bonheur est pour demain*, drame romantique ou comédie dramatique.

« *José trouve alors le courage de dire à Alain qu'on ne rêve pas sa vie, mais qu'on la forge avec ses bras* », explique le synopsis du film (site de la Cinémathèque française). Sur les rives de la Loire, nous ne sommes pas loin des Forges d'Indret. Des scènes de Jack, de Robert Saindreau y furent peut-être tournées dans les années 1920 (pas de trace avérée de ce tournage). En revanche, on sait, photos à l'appui, que la télévision filma dans ce décor naturel des séquences du feuilleton adapté du même roman d'Alphonse Daudet, dans les années 1980. Les images sont là, prouvant que ce n'était pas un rêve. Rêves filmés. Réalités rêvées. Images forgées par l'imagination et qui forment des films. Des films forts d'images, des films formidables !

En ville (2010).

En ville (2010).

En ville (2010).

Le fleuve en lumières. *Mercredi folle journée* (2001) avec Vincent Lindon (Martin Socaoa), Alessandra Martines (Madame Socoa).
Lieu de tournage : Nantes.

Mercredi folle journée (2001).

Ci-dessus et ci-contre : *Mercredi folle journée* (2001).

Page suivante : *Mercredi folle journée* (2001).

Le réalisateur, Jean-Loup Hubert.
À cause d'elle (1993) avec Antoine Hubert (Antoine), Jean-François Stévenin (M. Hervy), Romane Bohringer (Françoise).
Lieux de tournage : Nantes, La Roche-sur-Yon, pays de Goulaine, Rezé, Le Croisic, La Baule.

Moteur, ça tourne !

12

Un tournage, ce sont aussi de petits secrets, des rumeurs, voire des cancans ! Les amitiés (ou inimitiés) qui se nouent sur un plateau, les couacs à répétition, les caprices des stars, les petites manies des réalisateurs... Chaque long métrage recueille son lot d'anecdotes croustillantes et la longue liste des films tournés dans l'estuaire ne déroge pas à la règle !

Les vacances de Jacques Tati

En 1952, deux ans après *Jour de fête*, Jacques Tati réalise *Les Vacances de Monsieur Hulot* en partie sur la plage de Saint-Marc-sur-Mer à Saint-Nazaire. Le réalisateur aurait été séduit par ce lieu lors d'une visite chez des amis et il se serait promis d'y revenir tourner un film. La population a grandement participé au tournage, même si le nom de la ville ne figure pas au générique.

Tati reviendra à Saint-Marc en 1976 et au printemps 1978, avant la sortie des *Vacances* aux États-Unis. Il tourne alors une scène supplémentaire, en clin d'œil aux *Dents de la mer* de Steven Spielberg ! À cette occasion, il fait reconstruire le fameux kayak qui, une fois cassé en deux, évoque irrésistiblement une mâchoire de requin. Laissons le dernier mot à Jacques Tati, avec ces aphorismes qu'il affectionnait et qui éclairaient de toutes les lumières du cinéma sa vie et son œuvre : « *La vie, c'est très drôle si on prend le temps de regarder* » ou encore « *Le cinéma, c'est un stylo, du papier et des heures à observer le monde et les gens !* ».

Du rififi au Café de la Bourse

C'est sur une place piétonne très représentative de la vie nantaise, la place du Commerce, que se trouve le Café de la Bourse, choisi par le réalisateur du *Mataf*, Serge Leroy, pour tourner une scène de son film. Après le mythique *Quai des brumes* tourné au Havre, c'est au début des années 1970 que Nantes renoue, elle aussi, avec la mythologie des ports, à (mauvais) coups de quais et de mauvais garçons. Michel Constantin et Georges Géret débarquent le 2 janvier 1973 pour camper deux truands en cavale dans *Le Mataf* : la mésaventure d'un as du cambriolage victime de chantage, contraint de mettre son talent au service d'un big boss de la pègre. Les deux compères boivent un café à la terrasse du Café de la Bourse, dont le style ancien bistrot est merveilleusement conservé. Des tontons flingueurs sur un coup... de bourse !

Chabrol à l'honneur

Claude Chabrol tourne en partie à Nantes en 2005 sa *Demoiselle d'honneur*, adaptation du roman de Ruth Rendell, à qui il a déjà emprunté quelques années auparavant *La Cérémonie*. On retrouve dans *La Demoiselle d'honneur* des comédiens du précédent film de Chabrol, *La Fleur du mal*, dont Benoît Magimel. Entre le cinéaste et la ville, c'est une vraie *Partie de plaisir* (un des films de Chabrol, sorti en 1974) :

« Les Nantais sont particulièrement accueillants et gentils et ça crée une atmosphère formidable quand il y a une osmose entre les habitants et les gens qui viennent tourner et qui viennent les embêter. »

« Je n'avais jamais tourné dans la région nantaise directement, ça faisait longtemps que j'en avais envie. J'étais très copain avec Jacques Demy. Il y a 36 raisons. J'adore aller du côté du Croisic, donc je passe par Nantes chaque fois que j'y vais. J'avais toutes les raisons. »

« On n'a pas encore fréquenté les grandes tables de Nantes, mais on s'est régalé dans un très bon restaurant chinois. Et puis, on fréquente La Cigale. C'est joli, c'est toujours plein. Le grand truc, c'est d'obtenir une place sans avoir réservé. C'est un sport national ! »

En cinquante ans de cinéma, Claude Chabrol a tourné une cinquantaine de longs-métrages de cinéma et une vingtaine de films pour la télévision.

Vive la reine de Trentemoult

Avant Chabrol et sa *Demoiselle d'honneur*, Jean-Loup Hubert est venu tourner à Trentemoult. Le joli village, ancien port cap-hornier, est une source d'inspiration pour les cinéastes. Enfant du pays, le réalisateur du *Grand Chemin* a passé toute sa jeunesse à Rezé. Quand il tourne *La Reine blanche*, Agnès Varda réalise *Jacquot de Nantes*, dans une économie de production indépendante. Autrement dit : avec un petit budget. Cinéma et solidarité... *La Reine blanche* rend visite à Jacquot : la grue et les machinistes de la première viennent dépanner le second, le temps de tourner une scène.

Jean-Loup Hubert, à propos de Catherine Deneuve : *« On la voit comme la star qu'elle est, au travers d'un filtre (qui pour certains est un philtre d'amour !) et on s'imagine qu'elle ne peut pas être une femme de province ou une mère de famille modeste. Catherine Deneuve, et c'est pour cela que j'ai écrit le rôle pour elle, me fait beaucoup penser à ces femmes de province. Je sais qu'elle va hurler en lisant ça, mais c'est vrai. Elle a la beauté de ces femmes qui sont des références dans les villages, ces femmes qui font rêver la moitié des habitants, les hommes en général, et sont, pour l'autre moitié, une source inépuisable de cancans et de ragots. Elle s'est coulée, d'entrée et toute seule, dans le personnage. Comme quoi j'avais raison, elle est l'actrice exacte du rôle. Je n'ai même pas eu besoin de lui dire comment on prépare une soupe de poireaux-pommes de terre »*

Une chambre à l'as !

Jacques Demy a commencé à songer à *Une chambre en ville* dans les années 1950, au moment des grandes grèves de Nantes. Il puise son inspiration dans les souvenirs de sa jeunesse nantaise, dont les lieux familiers, au premier rang desquels le passage Pommeraye, ont forgé son imaginaire. Pour *Une chambre en ville*, le réalisateur fait d'abord appel à Catherine Deneuve et Gérard Depardieu, mais les deux comédiens veulent chanter, et refusent le play back auquel le réalisateur tient absolument. L'héroïne des *Parapluies de Cherbourg* évoque Jaques Demy à plusieurs reprises dans des interviews (*Les Cahiers du cinéma*, *Les Inrockuptibles*, etc.) : « *Avec Demy, j'ai découvert ma vocation. Sans lui, et malgré les quelques expériences qui précédaient, je ne suis pas sûre que j'aurais embrassé cette carrière.* » La demoiselle de Rochefort et Jacquot de Nantes resteront en froid quelque temps faute, une fois n'est pas coutume, d'avoir trouvé un accord… au sens musical du terme, bien sûr ! Une petite fausse note sans gravité dans une collaboration exceptionnelle sur plusieurs films. Jacques Demy tourne *Une chambre en ville* avec Richard Berry et Dominique Sanda, qu'il avait déjà dirigée deux ans plus tôt. À sa sortie, le film, unanimement salué par la critique, est confronté à rude concurrence avec *L'As des as*. La comédie de Gérard Oury, avec « Bébel » en tête d'affiche, bénéficie d'importants moyens publicitaires pour son lancement. La superproduction attire 460 000 spectateurs en première semaine, *Une chambre en ville* enregistrant 20 000 entrées sur la même période. La loi des chiffres et du public crée à l'époque une petite polémique entre journalistes et gens du cinéma. Restauré en 2013, le film de Demy démarre une nouvelle carrière, avec une ressortie nationale : « *C'est l'histoire de gens qui défendent leur droit, qui défendent leur vie, leur amour, leur bonheur, et cela m'a paru un sujet intéressant. (…) Mais je ne veux pas faire un film politique, cela ne m'intéresse pas, je n'y connais rien* », explique Jacques Demy dans un documentaire consacré au tournage du film. Aux *Cahiers du cinéma*, il précise : « *Ce sont des gens passionnés, et je voulais faire ce film sur la passion qu'on met dans la vie jusqu'à l'absurde.* »

Un crabe sans tambour

Debout les crabes, la mer monte ! est la troisième et dernière réalisation de Jean-Jacques Grand-Jouan. Un article de l'époque (paru dans *VSD*, 18 août 1983) résume bien la tonalité de ce film au titre loufoque : « *Étrange petit film qui n'est pas ce dont il a l'air, et qui n'a pas l'air de ce qu'il est. Rien à voir en tout cas avec ce que laisserait supposer son titre (…). En fait, le projet est plus ambitieux : renouer avec la veine d'un cinéma poético-farfelu dont l'origine remonte aux années Prévert et s'achève avec Jean-Pierre Mocky. Le dialoguiste s'amuse à faire du Ionesco, le musicien se prend pour Nino Rota et Jean-Pierre Sentier campe un maquereau aveugle emprunté au Jouvet d'*Hôtel du Nord. *Tout cela tourné dans l'amène bonne humeur.* »

Port noir pas porno

Second film de HPG, Hervé-Pierre Gustave de son vrai nom, *Les Mouvements du bassin* a été tourné en partie à Nantes. Le réalisateur retrouve Rachida Brakni, ex-pensionnaire de la Comédie Française, déjà au générique de son premier film *On ne devrait pas exister*, et Éric Cantona. Un tournage difficile, aux dires mêmes du réalisateur (par ailleurs acteur de films X dans une autre vie), adepte du franc-parler : « *Par deux fois, le tournage s'est arrêté à cause des tensions entre moi et mon équipe. J'espère que le résultat final ne les déçoit pas parce que non seulement ils n'étaient pas payés, mais en plus l'ambiance et la bouffe n'étaient pas bonnes.* » *Mouvements du bassin* qui montent à la tête et deviennent mouvement d'humeur, peut-être… À la sortie du film, Éric Cantona crée le buzz en livrant sa recette personnelle de la révolution dans une vidéo diffusée sur Internet : « *S'il y a 20 millions de gens qui retirent leur argent, le système s'écroule (…) La révolution se fait par les banques.* » À défaut de provoquer un mouvement de foule chez les détenteurs de comptes en banque, l'acteur des *Mouvements du bassin* déclenchera des dizaines de milliers de clics chez les internautes !

Clap de fin.

Tournage dans la rue, Nantes.

Jean-Christophe Averty en décembre 1994, à Nantes, pour le tournage d'un court-métrage *Rêve d'une ville*, un « rêve d'images réelles ».

Page suivante : Jacques Demy, main sur le levier.
Une chambre en ville (1982) avec Dominique Sanda (Édith Leroyer), Richard Berry (François Guilbaud), Danielle Darrieux (Margot Langlois), Michel Piccoli (Edmond Leroyer), Fabienne Guyon (Violette Pelletier).

Lieux de tournage : à Nantes, rue du Roi-Albert, passage Pommeraye, cours Saint-Pierre, marché du Bouffay, rue Lanoue-Bras-de-Fer et autres lieux.

Jacques Demy sur le tournage d'*Une chambre en ville.*

Équilibre et caméra !

Page suivante : Le musée Dobrée (Nantes) sous le feu des projecteurs.
Un baiser s'il vous plaît (2007) avec Virginie Ledoyen (Julie), Emmanuel Mouret (Nicolas), Julie Gayet (Émilie).
Lieux de tournage : Nantes, Angers.

Tournage dans les rues de Saint-Nazaire.
Les Arcandiers (1991) avec Simon de La Brosse (Tonio), Dominique Pinon (Bruno), Charles Schneider (Hercule), Géraldine Pailhas (Véronique).

Lieux de tournage : Saint-Nazaire, bords de Loire.

Page suivante : Le spectacle de New Burlesque.

Tournée (2009) avec Mathieu Amalric (Joachim Zand), Miranda Colclasure (Mimi Le Meaux), Suzanne Ramsey (Kitten On The Keys), Linda Marraccini (Dirty Martini), Julie Ann Muz (Julie Atlas Muz), Angela De Lorenzo (Evie Lovelle), Alexander Craven (Roky Roulette).

Lieux de tournage : Nantes, Saint-Nazaire, Paris.

Les locaux d'une entreprise nantaise transformés en studio de cinéma !
La Mer à l'aube (2013) avec Léo-Paul Salmain (Guy Môquet), Ulrich Matthes (Ernst Jünger), Christopher Buchholz (Kristukat), Jacob Matschenz (Heinrich).
Lieux de tournage : Nantes, Saint-Nazaire, pointe Saint-Gildas, Préfailles.

Les Mouvements de bassin (2012) avec Rachida Brakni (Marion) et Éric Cantona (Michel, le veilleur de nuit).
Lieu de tournage : Nantes.

Page suivante : En plein tournage à Saint-Nazare, face à la base sous-marine. *Tournée* (2009)

STEF

Les Arcandiers (1991).

En tournage dans les rues de Saint-Nazaire.

Travelling à Trentemoult.
La Reine blanche (1991) avec Catherine Deneuve (Liliane Ripoche), Bernard Giraudeau (Yvon Legualoudec), Richard Borhinger (Jean Ripoche), Jean Carmet (Lucien, père de Liliane).

Lieu de tournage : Nantes, Trentemoult.

Catherine Deneuve, Jean-Loup Hubert (assis).

Tournage dans les rues.
La Demoiselle d'honneur (2004) avec Benoît Magimel (Philippe), Laura Smet (Senta), Aurore Clément (Christine), Bernard Le Coq (Gérard).

Lieux de tournage : Nantes, Rezé.

En ville (2010) avec Lola Creton (Iris) et Stanislas Merhar (Jean).
Lieu de tournage : Saint-Nazaire.

Tournage dans les rues.
Toutes les filles pleurent (2009) avec Judith Godrèche (Lucie), Éric Elmosnino (Pierre).
Lieux de tournage : Nantes, Piriac-sur-Mer.

À cause d'elle (1993) voir légende page 184.

Tournage d'un court-métrage à Nantes : place du Commerce et au cinéma *Le Bonne Garde.*

Tournage à l'Hôtel de ville.
Toutes les filles pleurent (2009) avec Judith Godrèche (Lucie), Éric Elmosnino (Pierre).
Lieux de tournage : Nantes, Piriac-sur-Mer.

Page suivante : Agnès Varda au Lieu Unique pour filmer Pierrick Sorin.

Catherine Deneuve.
La Reine blanche (1991) avec Catherine Deneuve (Liliane Ripoche), Bernard Giraudeau (Yvon Legualoudec), Richard Borhinger(Jean Ripoche), Jean Carmet (Lucien, père de Liliane).

Lieux de tournage : Nantes, Trentemoult.

Anecdotes et Coquillettes par Alain-Pierre Daguin

13

Alain-Pierre Daguin est nantais et a longtemps été journaliste culturel à *Presse-Océan*. Critique de cinéma, il a consacré plusieurs ouvrages (romans ou essais) à sa ville natale. Véritable cinéphile et passionné par Jules Verne, il a, entre autres publications, co-signé un très bel ouvrage de référence avec son ami Yves Aumont sur un siècle de cinéma à Nantes *Les Lumières de la ville*. Alain-Pierre Daguin a eu l'extrême gentillesse de m'ouvrir ses fabuleuses archives de photos et d'articles sur le cinéma mais a aussi ouvert le livre de sa mémoire sur les anecdotes de sa vie de journaliste avec les acteurs et réalisateurs qui ont séjourné à Nantes ou Saint-Nazaire. Il s'ensuit un panégyrique d'anecdotes plus croustillantes les unes que les autres et qu'il a bien voulu pour la première fois partager avec le public.

« Je ne sais plus quel film avait fait venir à Nantes l'actrice québécoise Carole Laure. Au cours de notre entretien, j'utilise un mot typiquement nantais : "beda". Carole Laure ne le comprend pas et me demande "Qu'est-ce que c'est : beda ?".

Une réplique qui aurait pu s'inscrire dans les dialogues du film de Jean-Luc Godard, *À bout de souffle*. On y entend en effet régulièrement l'héroïne Patricia (Jean Seberg) d'origine américaine demander à Michel (Jean-Paul Belmondo) qu'il lui donne la signification des mots dont elle ne saisit pas le sens : "Qu'est-ce que ça veut dire : môme ?" ; "Qu'est-ce que c'est : les Champs ?" ; "C'est quoi faire la tête?" ; etc. Et pour finir tragiquement : "Qu'est-ce que c'est : dégueulasse ?". "Beda" désigne primitivement un paysan et puis plutôt maintenant une personne qui est loin d'être délurée.

Alain Chénard était alors maire de Nantes. Le fils de Peter Ustinov exposait ses sculptures dans ce que l'on appelait l'Espace Graslin depuis devenu Cosmopolis. Le vernissage allait se dérouler en fin de journée. Apprenant tardivement par hasard que l'acteur Peter Ustinov, universellement connu, allait y assister, je m'empressai de téléphoner à tous les hôtels de Nantes pour savoir où il était descendu. Au bout d'une demi-douzaine de coups de fil, je finis par avoir la réponse : un hôtel dans l'île Beaulieu. Je m'y précipite au volant de la puissante 4L du journal. Arrivé sur place, je m'apprête à bondir dans le hall d'entrée que Peter Ustinov était juste en train de quitter pour rejoindre un taxi qui l'attendait au seuil de l'hôtel. Peter Ustinov monte dans le taxi. Que faire ?

Ni une ni deux, j'ouvre l'autre portière du taxi et m'assois au côté de Peter Ustinov. Celui-ci, très flegmatique, ne marque pas de surprise en se tournant vers moi. Je me présente... Peter Ustinov fait signe au chauffeur qu'il peut rouler. Nous commençons à bavarder. Le taxi roule au milieu des nouvelles constructions destinées depuis les années 70 à annoncer le Nantes de l'an 2000... Peter Ustinov observe le paysage et me dit avec son accent britannique aussi caractéristique qu'inimitable : "Que de béton ! Vous autres Nantais avez beaucoup retenu de l'occupation allemande..."

J'ai une autre fois ouvert la portière de l'automobile d'un homme de cinéma... Celle de Claude Chabrol à qui le cinéma Bonne-Garde rendait un hommage aussi vibrant que justifié en une semaine du mois d'avril 2005. La qualité du personnage lui avait valu d'être l'hôte de la Ville de Nantes pour déjeuner en mairie avec son premier magistrat, Jean-Marc Ayrault. J'étais moi-même convié à ces agapes et me rendant à la mairie, j'y trouvai une manifestation qui en interdisait l'entrée. Impossible de franchir le portail de la cour d'honneur de l'hôtel de Derval. J'allais rebrousser chemin quand je vis Claude Chabrol au volant de son automobile tenter vainement de se frayer un passage parmi les manifestants qui donnaient de la voix. Je m'approchai, ouvris la portière côté passager, m'assis en me présentant à Claude Chabrol. Il fut surpris ! Mais je lui expliquai qu'il y avait une autre entrée possible, en faisant le détour par les rues Saint-Léonard, Léon Blum, de Strasbourg et de la Commune... Je le guidai. Bref, nous franchîmes bientôt le portail de l'hôtel de Rosmadec en toute tranquillité. J'eus droit à un bel éclat de rire et à un merci reconnaissant de la part de mon chauffeur...

En 1996, le cinéma *Bonne-Garde* avait rendu hommage à Jean-Pierre Mocky. qui à l'époque avait réalisé une trentaine de films dont *Un drôle de paroissien, La Grande lessive, Un linceul n'a pas de poche, À mort l'arbitre...* Jean-Pierre Mocky et moi-même venions d'achever son interview menée en se rafraîchissant d'un demi-pression. Notre conversation avait été fort sérieuse car il aime à l'évidence philosopher. Silence... Il s'adresse à moi : "Tu vois, qu'est-ce qui est important dans la vie ? Je te le demande...". Je n'ai pas le temps de répondre. "C'est tout simple, l'essentiel est d'avoir toujours dix francs en poche pour se payer une bière !" Nous avons repris une bière.

Jean-Luc Godard était reçu par le cinéma *Katorza*. Après avoir rencontré le public, il avait été convié à dîner à La Cigale. Alors que nous étions attablés, surgit l'Ulysse, le plus célèbre des clochards nantais, accompagné de son chien Sacapuces. Ulysse s'installe et commence à clamer haut et fort tout le bien qu'il pensait du réalisateur d'*À bout de souffle, Pierrot le fou, Alphaville,* etc. Jean-Luc Godard fut à tout le moins surpris et resta muet d'étonnement. Ulysse fut reconduit rapidement manu militari place Graslin. Sans brusquerie pour autant car son chien, prenant sa défense, avait systématiquement le prompt réflexe de mordre les mollets à sa portée. Enfin Nantes doit à Jean-Luc Godard et son *Je vous salue Marie*, une des plus belles échauffourées de l'histoire nantaise du cinéma, le 6 février 1985, les chrétiens en prière devant le cinéma se faisant brutaliser par ce qu'il était convenu à l'époque d'appeler des punks.

1990. Agnès Varda tournait *Jacquot de Nantes*. Elle était ce jour-là filmant une scène dans le cadre de La Cigale. Je franchis le plus discrètement possible la porte de l'illustre brasserie... Peine perdue ! J'entends un cri ! Agnès Varda avançait dans ma direction sur un chariot derrière sa caméra. Un nouveau cri : "Daguin ! Daguin ! J'ai besoin de vous !" Agnès Varda fait stopper l'action, descend de son perchoir, s'approche de moi et me dit : "Daguin, j'ai besoin d'une vieille bicyclette et d'une cuisinière en fonte..."

Je fis part dans le *Presse Océan* du lendemain de la recherche de la réalisatrice dont les vœux furent immédiatement exaucés par les lecteurs.

1978. Le dernier film en date d'Éric Rohmer sortait sur les écrans nantais. Le jeune comédien Fabrice Luchini, interprète de *Perceval le Gallois* s'était déplacé à Nantes. Sans son cheval... Durant son interview, son verbe était totalement époustouflant. En fin de parcours, Fabrice Luchini se mit à imiter Louis Jouvet. C'était étonnant d'entendre le chevalier de la Table ronde s'exprimer avec la voix de Knock !

Michel Piccoli était de passage à Nantes. Je venais de l'interviewer et nous descendions de conserve la rue Crébillon. Soudain, un passant reconnaissant le comédien, nous stoppe : "Ah ! Monsieur Piccoli ! Vous êtes bien Michel Piccoli, Monsieur ? Si, si, je vous reconnais !" Michel Piccoli, très courtois répond : "Vous ne vous trompez pas. Oui, je suis Michel Piccoli. Je vous remercie de m'avoir reconnu..." Le monsieur qui n'en croyait toujours pas ses yeux, s'exclame : "Ah ! Quand je vais dire ça à ma femme ! Je peux vous dire qu'elle vous aime beaucoup, Monsieur Piccoli... Mais jamais, elle ne voudra croire que je vous ai rencontré !" Michel Piccoli s'étonne : "Comment ça ? Votre femme ne..." Le passant réagit : "Il n'y a qu'une seule solution pour ça, prêtez-moi votre carte d'identité. Je nous la rendrai..."

"Ma carte d'identité ! Comme vous y allez...", s'étonne le comédien.

"Vous n'allez pas vouloir, soupire alors le passant. Je comprends bien mais jamais ma femme ne voudra me croire... Jamais... Jamais..."

L'homme tourna les talons et tête basse s'en fut...

Ulysse, célèbre clochard nantais, en marge d'une manifestation contre la programmation du film de Jean-Luc Godard *Je vous salue Marie* (1984).

1978. Nantes célébrait le 150e anniversaire de la naissance en ses murs de Jules Verne, le 8 février 1828. Le musée Jules Verne, dû à l'énergie de Luce Courville, directrice de la Bibliothèque municipale, allait ouvrir ses portes. Nantes vivant à l'heure de son cher Jules, la télévision régionale filma alors l'acteur Charles Vanel, lisant dans des cadres appropriés des extraits de l'œuvre du cher romancier.

Charles Vanel ! *Le Salaire de la peur, Les Diaboliques* de Henri-Georges Clouzot, *L'Aîné des Ferchaux* de Jean-Pierre Melville, sans parler du *Bateau à soupe* tourné à Nantes même par Maurice Gleize en 1946 ! Mon sang ne fit qu'un tour. Il me fallait absolument rencontrer Charles Vanel ! Luce Courville fut une intermédiaire précieuse. Rendez-vous est fixé un matin à 9 h au salon de l'Hôtel de France, rue Crébillon.

J'arrive. J'aperçois Charles Vanel installé à une table devant une tasse de café, lisant un journal en fumant sa pipe. Je m'approche, le salue et me présente. Il lève les yeux, me regarde, ne me dit rien et se replonge dans sa lecture. Je reste debout devant lui sans oser rien dire. Je suis resté planté ainsi pendant un bon quart d'heure. Et puis Charles Vanel a posé son journal et m'a adressé la parole : "Ah ! Vous êtes encore là... Bravo... Bon, asseyez-vous. Alors, que me voulez-vous ?"

L'entretien pouvait commencer...

Vincent Lindon avait ce midi-là reçu la presse nantaise à la table de La Cigale. Sans doute à l'occasion du film tourné à Nantes par Pascal Thomas, l'excellent *Mercredi, folle journée* (2000). L'un de mes confrères avait dans ses colonnes du lendemain sévèrement étrillé le comédien pour un différend qui n'avait aucun rapport avec le film. Et les mois passèrent. J'apprends que Vincent Lindon est de retour à Nantes, descendu à l'Hôtel Mercure, rue du Couëdic. Je m'y rends. Vincent Lindon était là dans le hall. Je m'avance et le salue. Celui-ci me pose énergiquement la main sur l'épaule en me disant : "Alors toi, je vais te casser la gueule !". Je ne bronche pas et réplique : "Ce n'est pas moi... C'est l'autre... " Vincent Lindon me regarde : "Mais oui ! Excuse-moi ! Allons au bar, je te paye un verre." Ce qui fut fait. Nous bûmes à nos santés.

C'était l'été 90. Au premier jour du tournage de *La Reine blanche*, je me précipitai à Trentemoult. Jean-Loup Hubert préparait une scène à l'intérieur du magasin "Au Confort moderne", quai Léon Séché. J'entrai pour le saluer. L'ayant déjà rencontré plusieurs fois à l'occasion de ses repérages, je n'hésitai pas et franchis le seuil de la boutique. Je venais juste de dire bonjour de loin au réalisateur quand une jeune femme s'approcha de moi. Elle représentait la production et me demanda de déguerpir car Jean-Loup Hubert n'avait pas de temps à perdre avec un journaliste.

Je me retrouvai deux secondes plus tard sur le pavé du quai. Décontenancé et déçu. Quand j'entendis : "Bonjour Monsieur Daguin ! Qu'est-ce que vous faites-là ?" Je vis un jeune homme me tendant la main : "Vous ne me reconnaissez pas ! Je suis un de vos anciens élèves !" J'avais en effet commencé ma vie professionnelle par enseigner le français et le latin au collège et lycée Saint-Stanislas. J'expliquai donc à cet ancien que j'étais là pour le tournage de Jean-Loup Hubert et que je venais de me faire jeter du Confort moderne. Mon interlocuteur éclata de rire : "Pas de souci, Monsieur Daguin. Vous êtes chez moi au Confort moderne. C'est ma maison... On va passer par une autre porte... " Une fois à l'intérieur, je n'ai certes pas été invité une seconde fois à vider les lieux mais j'avais été repéré. De telle sorte que les physionomistes, placés ici et là sur les différents lieux de tournage, m'en ont systématiquement par la suite interdit l'accès. Cela ne m'a pas empêché de faire un beau jour une photo au téléobjectif de Catherine Deneuve par-dessus les barrières et les épaules de ceux qui les gardaient. Je me suis fait encore une fois copieusement incendié.

Je pouvais partir en vacances le devoir accompli.

1982. Je me suis aussi fait interdire du tournage du film de Jacques Demy, *Une chambre en ville*. Le contenu de mon premier article consacré à ce nouveau tournage nantais, rapportant la déclaration de foi en l'avenir du réalisateur après l'accession de François Mitterrand à la présidence de la République, m'a valu une expulsion immédiate et définitive. Il me fut reproché d'avoir pris le risque de fâcher les habitants de la rue du Roi-Albert dont le sang bleu menacerait par ma faute de tourner au vinaigre en interdisant l'accès aux caméras de cette paisible artère menacée soudain d'hypertension sociale. Le journalisme n'est pas un métier facile.

Marco Ferreri était venu à Nantes présenter son dernier film en date. Je ne sais plus lequel... Le déjeuner de presse se passait au restaurant Le Pressoir, allée Turenne. Les journalistes étaient en nombre ! Il choisit en entrée de déguster des rollmops après avoir avoué ne pas connaître ce plat. Personnellement, n'ayant pas le goût du risque, je demandai une terrine du chef. Une fois servi, Marco Ferrerri qui était en face de moi, attaqua ses rollmops. Il ne tarda pas à poser sa fourchette. Il observait un silence total et je remarquai bien vite qu'il ne cessait de regarder la belle tranchée de pâté se trouvant sur mon assiette. Ses yeux se firent bientôt aussi intéressés que suppliants... Je compris et coupai ma tranche de pâté en deux. Je posai une moitié dans son assiette. Marco Ferreri me remercia d'un regard satisfait. Il faut bien reconnaître que cela n'a pas été donné à tout le monde de nourrir le réalisateur de *La Grande Bouffe* !

1980. Ce jour-là, les frères Jalladeau se précipitent échevelés à la rédaction du journal. Satyajit Ray allait arriver en gare de Nantes dans le quart d'heure ! Nous bondissons tous les trois dans une 4L du journal. Nous voilà à la gare. Le train de Paris arrive. Les voyageurs descendent et envahissent bientôt le quai.

J'étais avec les frères Jalladeau guettant la silhouette de Satyajit Ray. Soudain, Philippe bondit et se précipite au-devant du réalisateur en criant : "Maître ! Maître !" Arrivé à lui, il le serre dans ses bras en criant toujours "Maître ! Maître !" J'étais là avec mon appareil photo. Je m'approche de Philippe Jalladeau et du voyageur qu'il étreignait. Celuici était complètement affolé. Et je dis à Philippe en montrant un homme de haute stature et manifestement indien : "Tu te trompes Philippe, voilà Satyajit Ray..."

Il me restait à faire la photo. »

Gare de Nantes, 1980. Satyajit Ray (au centre), invité du Festival des 3 continents, fondé l'année précédente par les frères Alain et Philippe Jalladeau.

Simone Valère, Jean Dessailly et Peter Ustinov.

Charles Vanel.

Belle journée pour l'équipe de folle journée.
Mercredi folle journée (2001) avec Vincent Lindon (Martin Socaoa), Alessandra Martines (Madame Socoa).

Lieu de tournage : Nantes.

Jacques Demy et Agnès Varda.
Jacquot de Nantes (1991) avec Philippe Maron (Jacquot 1), Édouard Joubeaud (Jacquot 2), Laurent Monnier (Jacquot 3).
Lieux de tournage : Nantes, Mauves-sur-Loire, la Chapelle-Basse-Mer, Pontchâteau, Couëron, Chantenay, Champtoceaux.

À l'abri de la tempête (2010) avec Judith Magre, Maria de Medeiros, Jean-Claude Leguay, Vincent Deniard.
Lieu de tournage : Saint-Nazaire.

LE CINÉMA DANS TOUS SES ÉTATS

- 14 -

Acteurs d'un jour, cinéma toujours. Enfance de l'art et enfance de Loire : jeu de mots, jeux d'eau, jeux d'enfants. Enfance au bord de l'eau pour des enfants au rendez-vous du cinéma, avec plusieurs films tournés du côté de l'estuaire. Le plus vieux de ces jeunes héros est le personnage du roman d'Alphonse Daudet, Jack, dont les aventures sont deux fois mises en images, dans les années 1920 puis cinquante ans plus tard. Viennent ensuite les élèves de Monsieur et Madame Joubert à l'école primaire de Saint-Marc, embauchés au pied levé à coup d'alléchants contrats – des sucettes Pierrot Gourmand – par Jacques Tati, pendant leurs vacances et même après, été pourri oblige, pour tourner dans ses vacances à lui, celles de Monsieur Hulot. Il y a aussi l'enfant du court-métrage de Régis Noël *Les Joueurs* (1996), consacré à Nantes et Saint-Nazaire, le jeune fils de Lola, le Jacquot d'Agnès, les petits Nantais de *Mercredi folle journée* et les souvenirs d'une enfance passée en province, matériaux avec lesquels on fait des films, façon madeleine de Proust : histoire d'une reine de carnaval pour Jean-Loup Hubert, effluves d'essence du garage paternel chez Jacques Demy.

Et puis il y a les enfants devenus grands, grands enfants amoureux du cinéma : banquier, institutrice, fonctionnaire, étudiant, retraité, journaliste, maraîcher, professeur, photographe, conseiller Pôle Emploi ou travaillant en entreprise. Tous volent un peu de temps au quotidien pour assouvir leur passion, faisant une figuration par-ci, prenant quelques photos d'un tournage par-là... et répondant chaleureusement à l'appel à témoignages diffusé dans les médias pour ce livre. Chacun a apporté son tribut, comme une équipe d'accessoiristes sur un tournage, participant à la fabrication du décor grâce aux détails glanés un peu partout : photos, anecdotes, souvenirs (voir les remerciements en fin d'ouvrage).

Terrain de jeu apprécié de tous les enfants et grands enfants du monde : l'eau ! Course en mer, joutes nautiques, traversée du fleuve, baignades, rêverie devant un géant des mers : on trouve tout dans l'estuaire, entre Nantes et Saint-Nazaire. Des plates de Loire pour *La Reine blanche*, un bac mis en service en 2012, joliment baptisé *Lola*, avec sa marraine venue du pays du cinéma, Anouk Aimé. Un très grand paquebot un tout petit peu mythique, le *France*, dont on voit la mise à l'eau dans *Le Bonheur est pour demain* et, dans le même film, une barque toute simple de Brière, pour un tête-à-tête amoureux. Les navires du monde moderne à la beauté stylisée dans les films de Marc Picavez ou un bateau de croisière pour un remake de *La croisière s'amuse*.

Des passionnés sont à l'œuvre dans chacune des deux villes, travaillant à conserver vivante la mémoire du passé, images à l'appui, et préparant-collectant les souvenirs du futur : le Centre historique du travail (CHT) à Nantes, installé sur le site des anciens chantiers navals, et le Centre de culture populaire, à Saint-Nazaire, 50 ans en 2013 !

Les zinzins du cinoche

Cinémas classés Art et essai, salles associatives, artistes fanas de cinéma, amateurs passionnés : les bords de l'estuaire, repaire des zinzins du cinoche ! Du *Bonne Garde* au *Katorza* et au *Cinématographe* en passant par le *Saint-Paul* à Rezé. Des *Vacances de mademoiselle Hulaut*, œuvre atypique de la plasticienne Annabelle Hulaut à l'étudiant des Beaux-Arts de Rennes vraiment très imprégné du film de Jacques Tati : « *J'entends le film !* » déclare-t-il. Il lui suffit pour cela d'être sur la plage de Saint-Marc. L'écran dans la tête !

Il y a aussi une bande de copains qui écrit le scénario d'une *Petite Vadrouille*, tourné et monté avec les moyens du bord : une œuvre collective dont la réalisation s'étale sur trois années de temps libre cinématographiquement employé pendant les fins de semaine et les vacances. Et finalement, rien de surprenant à tourner *La Petite Vadrouille* dans la région : Louis de Funès, le chef d'orchestre de la grande (vadrouille) repose au Cellier. L'acteur y possédait un château, il y a maintenant son musée. Hasard cinématographico-géographique, le député de la 4e circonscription de la Loire-Atlantique s'appelle Dominique Raimbourg, très logiquement fils de sa mère et de son père, André. Ce dernier étant plus connu sous le nom de Bourvil, le sympathique peintre en bâtiment de *La Grande Vadrouille*, Augustin.

Il y a Yves, Alain-Pierre et Gilles. Les deux premiers ont rassemblé leurs souvenirs de journalistes et leurs émotions, voire leurs lumières de cinéphiles dans un livre, *Les Lumières de la ville*. Gilles, lui, a mitraillé sur les tournages de Jean-Loup Hubert, Claude Chabrol et Pascal Thomas, rangeant soigneusement dans d'épais classeurs des centaines de clichés généreusement mis à la disposition d'*Il était une fois à l'Ouest*.

Il y a enfin ceux qui ont une double passion : les membres de l'ARNO (Auto Rétro Nantes Océan), acteurs occasionnels, avec leurs véhicules, de *La Reine blanche* ou *Jacquot de Nantes*.

Cinéastes de tous les pays (de Loire), unissez-vous !

Dix ans avant la Révolution russe de 1917, naissent Georges Rémy, qui jouera avec ses initiales pour inventer son nom de plume, signant ses œuvres Hergé, et Jacques Tati. Même année de naissance et même source d'inspiration, Saint-Nazaire, pour les aventures de deux formidables personnages de fiction mythiques et intemporels, et donc immortels ! Tintin arrive à Saint-Nazaire en compagnie du Capitaine Haddock dans *Les 7 boules de cristal* (1948). Monsieur Hulot passe d'inoubliables vacances sur la plage de Saint-Marc une dizaine d'années plus tard. Une association locale judicieusement nommée Les 7 soleils (Dupond et Dupont diraient même plus « *judicieusement nommée* ») regroupe les aficionados nazairiens et vous emmène sur les traces du héros au petit chien blanc.

« *Il se passe toujours quelque chose au bord des fleuves. Je le sais, moi qui suis né au bord de la Loire* », affirmait Jean Carmet à *Rezé Magazine*, dans un entretien à l'occasion du tournage de *La Reine blanche*. De fait, surnommée au fil des ans et au gré de l'inspiration des journalistes « *Mini Hollywood* » ou « *Californie bretonne* », Saint-Nazaire attire les créateurs. Camille Brottes-Beaulieu y tourne son long-métrage *À l'abri de la tempête,* (d'abord appelé *Estuaire*) en 2010. D'autres réalisateurs préfèrent filmer dans d'autres lieux qui évoquent, comme les ports, le passage, le transit, le départ : aéroport de Nantes pour Jean-Luc Godard, la gare pour Jacques Rozier. « *Je voulais faire une histoire de contrôleur aux cheveux longs* » déclare le réalisateur de *Maine Océan* (1986), à propos de son film, Prix Jean Vigo, dont le titre emprunte son titre au « *train de 17 h 28* ».

Saint-Nazaire, ça rime aussi avec Tony Molière. Celui qui fut longtemps exploitant de salles de cinéma est avant tout producteur, et non des moindres : en 1978, *L'Homme de marbre* d'Andrzej Wajda, une production Films Molière, remporte la Palme d'or au Festival de Cannes. De *La Côte d'amour* (Films Molière, 1982) à la Côte d'Azur, en un seul coup de palmes !

Autre grande figure artistique de la région, Thierry Fortineau, prématurément disparu en 2006 à l'âge de 53 ans. Né à Nantes, le comédien reçoit le Molière de la révélation théâtrale en 1988, pour son adaptation et son interprétation du *Journal d'un curé de campagne* de Georges Bernanos. Quinze ans plus tard, il remporte le Molière du Meilleur comédien pour *Gros-Câlin* de Romain Gary et tourne son dernier film, *Gabrielle*, pour un réalisateur lui aussi originaire de l'Ouest, Patrice Chéreau, tristement disparu à l'automne 2013.

À l'abri de la tempête (2010).

LE CINÉMA *BONNE-GARDE* (1992-2008) PAR YANNICK PASQUET [1]

Le cinéma *Bonne-Garde*, à Nantes, a mené des animations et des programmations aussi diverses que novatrices pendant près de vingt ans, dans les années 1990 et 2000 : des soirées de projections-débats autour d'un thème de société (protection de l'enfance, sida, mouvements sociaux, révoltes paysannes, etc.) des festivals, des cycles mensuels consacrés au court-métrage et autres.

Unique salle associative de Nantes, qui a su résister au développement tous azimuts (centre-ville, périphérie et zones commerciales) des multisalles puis des multiplexes, et promouvoir le 7e Art grâce à son label « Art et Essai », le cinéma *Bonne-Garde* demeure à ce titre un des pôles culturels importants de l'agglomération nantaise.

Ses équipes bénévoles, composées pour une bonne part de simples amoureux du cinéma mais aussi de quelques authentiques cinéphiles attachés à une longue tradition de projections-rencontres avec des réalisateurs, façon ciné-club, ont imaginé – dès 1992 – d'organiser de manière pérenne un festival tout public centré autour d'un cinéaste de renom affichant une carrière cinématographique sur plusieurs décennies, des années 60 aux années 90 puis 2 000.

Tout est donc parti, en octobre 1991, à La Baule, d'une rencontre spontanée et amicale avec José Giovanni, romancier, scénariste et réalisateur de nombreux grands classiques du cinéma français : d'abord, au côté de Jacques Becker pour *Le Trou* (1960) puis de Jean-Pierre Melville *Le Deuxième souffle* (1966) et ensuite seul aux commandes du *Rapace* (1967), de *Dernier domicile connu* (1970) et autre *Le Ruffian* (1983).

José Giovanni, alors enthousiaste à l'idée de participer à un festival baptisé « Hommage à un auteur-réalisateur », prit donc rendez-vous avec la petite équipe d'organisateurs qui s'était constituée au sein du cinéma *Bonne-Garde*, dès le printemps 1992 pour programmer ce festival nouveau, à Nantes.

Le public de cette première édition – plusieurs centaines de spectateurs – put découvrir ou revoir une mini-rétrospective de sept films de José Giovanni, en sa présence. Belle réussite saluée par la presse locale, les élus nantais et les partenaires de ce festival en devenir. L'aventure sur grand écran se prolongea les années suivantes, toujours en mars, avec la venue de Pierre Granier-Deferre, puis Robert Enrico et Robert Hossein, scénariste-réalisateur un peu méconnu, auteur néanmoins de quinze longs-métrages dont *Toi, le venin* (1958) et *Les Misérables* (1982). Pour l'anecdote, rappelons que le célèbre acteur et metteur en scène avait tourné à Nantes, au milieu des années 60, un film de Denys de La Patellière (réalisateur d'origine nantaise) *Le Tonnerre de Dieu* : Robert Hossein y était le partenaire de Jean Gabin dans de nombreuses scènes tournées dans un bar du quai de la Fosse, face à l'ancienne capitainerie.

Monstre sacré de la scène et de l'écran, Robert Hossein accepta de présenter la mini-rétrospective de ses films – sept au total – à chaque séance et ce pendant quatre jours en continu, en 1994. Plus de 2000 spectateurs vinrent l'applaudir dans la grande salle de 400 places du cinéma *Bonne-Garde*. Un événement qui restera dans les mémoires des cinéphiles et des annales nantaises !

Le cinéma *Bonne-Garde* confirmera sa place d'acteur culturel dans la Cité des Ducs, les années suivantes et jusqu'à la fin des années 2000 en ancrant son festival « Hommage à un cinéaste », chaque printemps, en présence de grands réalisateurs comme Bertrand Tavernier, Alain Jessua, Claude Chabrol ou encore Alain Corneau, dernier invité du festival, en avril 2008.

1 — Cinéphile de longue date, Yannick Pasquet a longuement fréquenté les plateaux, les tournages, les festivals. Chemin faisant, il a croisé Pierre Tchernia, Claude Chabrol, Yves Boisset, José Giovanni, Claude Sautet, Costa Gavras, Jacqueline Bisset, Michèle Morgan... Ou encore Patrice Leconte, le réalisateur et auteur de succès publics comme *Les Bronzés*, *Tandem* ou *Les Spécialistes* qui signe la préface de ses *Nuits américaines*. Il a publié son premier livre *L'Empreinte* aux éditions du Petit véhicule, en 1996. Né près de Saumur, en Maine-et-Loire, il vit à Nantes.

Pierre Granier-Deferre (au centre), invité du *Bonne-Garde*, mars 1993.

À l'abri de la tempête (2010).

À l'abri de la tempête (2010).

Page suivante : *Les Joueurs* (1996), court-métrage de Régis Noël.
Lieux de tournage : Nantes et Saint-Nazaire.

Midnight Globe de Jonathan Musset, tourné en 2013 à Nantes, Venise et au Mont-Saint-Michel, page suivante idem

Rendez-vous de l'Erdre.

Les folles journées de Loire

- 15 -

Un estuaire, une terre de festivals, des villes bourrées d'énergie, vivantes, où les événements culturels s'enchaînent en accéléré, façon cinéma muet ! Embarras du choix, manière cinéaste au montage : Quelle prise choisir ? Celle-ci ? Ou bien celle-là ? Et pourquoi pas cette autre ? Faire des Escales entre deux Rendez-vous de l'Erdre ou à Grande Marée ? Découvrir Orientales et Enchantés, Street Session et Consonances ? À moins que... Croisements numériques d'Écrivains en bord de mer, Mercredi folle journée, Rencontres du cinéma espagnol ? Ou bien encore Hellfest, Farniente festival, Festival des 3 continents ? Tous méritent Le Voyage, à Nantes, à Saint-Nazaire, tout au long de l'estuaire. Toute l'année c'est folles journées dans l'estuaire. Un festival de festivals pour une Loire en fêtes. Chacun fait son cinéma, du cinéma, à sa manière. Des films en musique, ou des films sur la musique, ou de la musique pour des films, voire de la musique, filmée, etc.

Le saviez-vous ?

René Vautier, a été en résidence au CCP (Centre de culture populaire) de Saint-Nazaire. Prolifique réalisateur, il a plus d'une soixantaine de films à son actif. De nombreux documentaires mais aussi un long-métrage de fiction qui appartient à l'histoire du cinéma, *Avoir vingt ans dans les Aurès* (1972), Prix de la Critique internationale au Festival de Cannes 1972. René Vautier a aussi réalisé un documentaire de 13 minutes pour FR3 Bretagne, intitulé *Le Scorpion de Saint-Nazaire* (1980). Non, il ne s'agit pas d'un film animalier, précurseur de *Microcosmos Le peuple de l'herbe* (1996) ou du *Peuple migrateur* (2001), dont quelques plans ont été tournés en Brière. « *Le scorpion est un instrument de musique un peu spécial inventé par les ouvriers de Saint-Nazaire : une plaque de titane qui, en oscillant, renvoie des sons stridents de plus en plus forts. Cet instrument servira à la sonorisation de* Marée noire, colère rouge. » (*Marée noire, colère rouge* est un autre film de René Vautier.)

Dans une interview au site internet Alternative libertaire, le réalisateur décrit l'idée qu'il se fait de son art et de son métier de cinéaste : « *J'ai toujours considéré une caméra comme une arme de témoignage. Mais ce n'est pas une arme qui tue. Au contraire, ça peut être un instrument de paix. C'est pour cela que je me suis bagarré pendant cinquante ans pour qu'il y ait des dialogues d'images, et tous les films que j'ai faits, je considère que ce sont des dialogues d'images. Le réalisateur prend parti. Il s'engage d'un côté, mais il donne aussi la parole aux gens d'en face.* »

Le saviez-vous ?

Quand des gens du cinéma se baladent du côté de l'estuaire, ce n'est pas toujours pour tourner dans un film, ni pour une avant-première, ni même parce qu'ils sont membres du jury d'un festival. Ils peuvent venir en vacances. Ou y résider. Comme Claude Chabrol, par exemple. Mais il y a une autre raison pour laquelle vous avez pu croiser de-ci de-là un visage célèbre, une silhouette reconnaissable entre toutes. Cette raison a un nom : Yannick Pasquet. Journaliste indépendant, auteur de scénarios (*scenarii* pour les puristes), il publie un premier livre en 1996, *L'Empreinte*. Il récidive en 2013 avec *Mes nuits américaines*, joli titre « truffaldien », adjectif moche pour parler de François Truffaut, réalisateur de *La Nuit américaine* (1973). La nuit américaine est un procédé de cinéma qui consiste à filmer de jour des scènes de nuit grâce à l'utilisation de filtres. La star du film de Truffaut est interprétée par une vraie star, Jacqueline Bisset : le film raconte en effet l'histoire d'un tournage de film.

Yannick raconte sa passion pour le 7e art en 206 pages de confidences pudiques, anecdotes sensibles ou rigolotes et témoignages de première main sur les réalisateurs et comédiens qu'il a côtoyés par son métier ou pour les festivals qu'il organise à plusieurs reprises dans la salle du Bonne Garde, « mini » rétrospectives de réalisateurs à l'appui. Mini ? Façon de parler : six ou sept films à chaque fois, quand même ! Yannick invite ainsi Robert Enrico, Pierre Granier-Deferre, Robert Hossein, José Giovanni. Rencontre Cha Cha (Claude Chabrol), Yves Boisset, Jean-Pierre Marielle et beaucoup d'autres. À l'occasion du festival « Robert Hossein », Yannick ajoute un film à ceux qu'il a sélectionnés avec son invité : « *Le festival s'annonçait sous les meilleurs auspices. Et pour couronner l'ensemble de la programmation, j'avais souhaité compléter la liste en proposant au public un film de Denys de la Patellière* Le Tonnerre de Dieu, *qui avait été tourné à Nantes, en 1965, avec Jean Gabin, Michèle Mercier, Lili Palmer et, bien sûr, Robert Hossein.* » (Précisons que Denys de la Patellière est né à Nantes.) En 1982, il assiste au tournage d'*Une chambre en ville* : « [...] *on était bien loin de l'univers* "enchanté" *de Jacques Demy avec cette histoire sombre et désespérée qui s'achevait par le suicide du mari et la mort violente du jeune ouvrier, amant de la belle* Édith... *de Nantes !* » Il rappelle que « *Aujourd'hui, fait rare pour un cinéaste contemporain, une petite salle associative du vignoble nantais, en Loire-Atlantique, porte son nom : le* Cinéma Jacques Demy, *à La Chapelle Basse-Mer. En hommage à celui qui, enfant, fuyant les bombardements de 1943, à Nantes, était venu se réfugier là, chez un couple de vieux artisans, au village de* La Pierre percée *en bord de Loire avant de revenir sur les lieux de son enfance protégée, en 1955, pour y tourner son tout premier et sublime court-métrage,* Le Sabotier du Val-de-Loire. »

Les vents d'ouest des folies festivalières s'engouffrent dans l'estuaire, de décor en décor, de film en film, jusqu'aux Folies Siffait, un lieu très cinématographique : en 1957, Agnès Varda y tourne pour *Ô saisons, ô châteaux* (après le titre truffaldien, un titre rimbaldien, emprunté au poème éponyme d'Arthur Rimbaud), un court-métrage documentaire avec Danièle Delorme. Qui jouera quelques années plus tard dans *La Côte d'amour* de Charlotte Dubreuil, tourné dans la région, produit par Tony Molière, installé dans la presqu'île et exploitant de cinémas. Les Folies Siffait sont situées sur la commune du Cellier, où a été inauguré en septembre 2013 le Musée de Louis, consacré à Louis de Funès.

Il était une fois à l'Ouest, aux Folies Siffait : l'esprit du cinéma sifflait, un vent de folie soufflait !

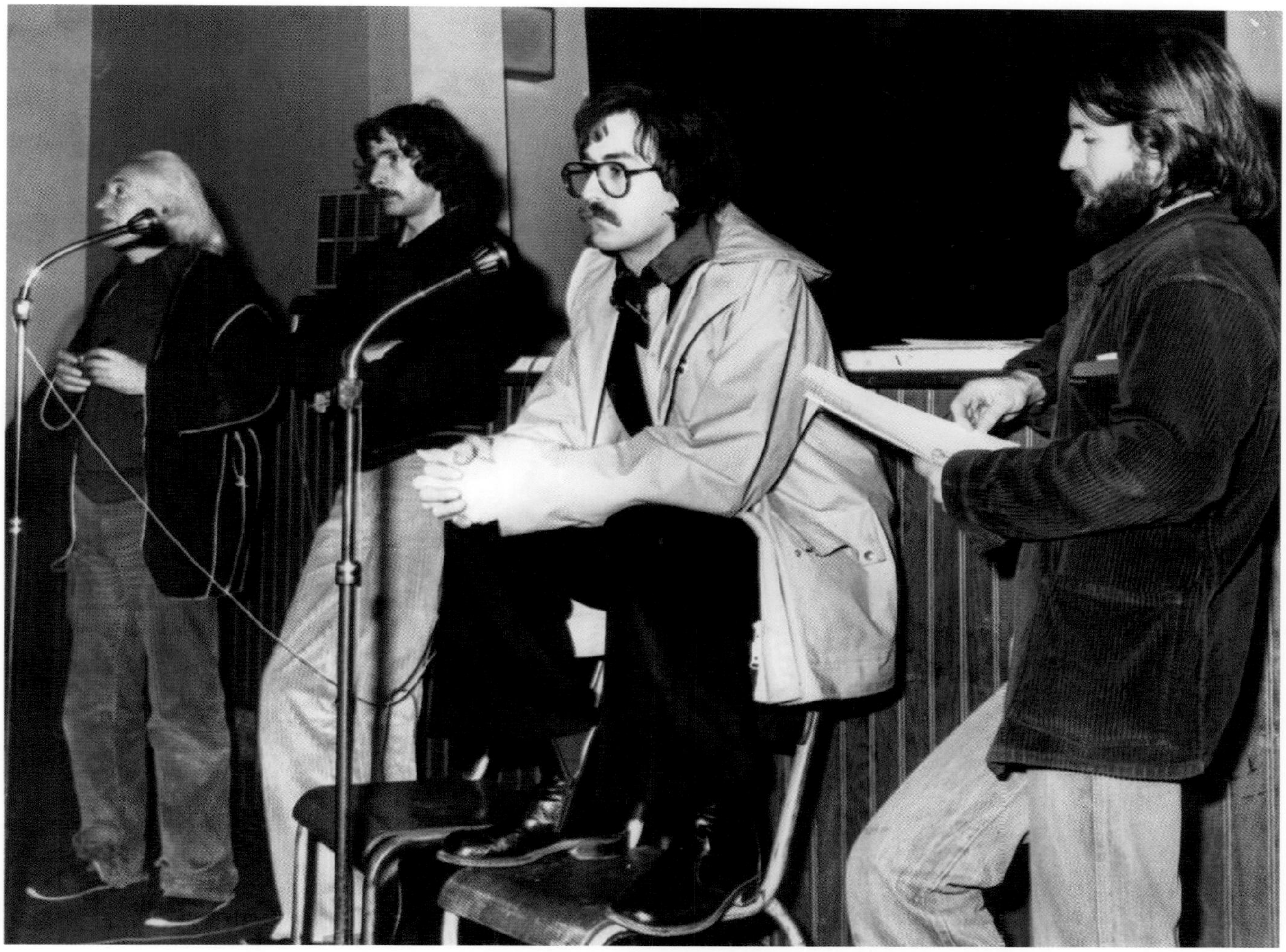

René Vautier (premier en partant de la gauche), réalisateur de *Avoir 20 ans dans les Aurès* (1972)
a été plusieurs fois en résidence au CCP de Saint-Nazaire.

Ciné-concert : Une page folle, de Teinosuke Kinugasa lors de la 34e édition du Festival des 3 continents, en 2012 (photo du bas).
30e édition du Festival des 3 Continents, Nantes, 2008 (photo du haut).

23e édition du Festival du Cinéma espagnol. Théâtre Graslin et rues de Nantes, 2013.

Les Folies Siffait, photo Philippe Caharel.

Rendez-Vous de l'Erdre, photo William Jezequel.

Clin d'œil

Saint-Jean-de-Monts,
Esplanade de la mer, hiver 1971
Un flic de Jean-Pierre Melville

CLAP DE FIN

Jacquot de Nantes (1991).

Le Tour de l'estuaire en 92 films

La liste établie pour ce tour de l'estuaire en images comprend essentiellement des longs-métrages de fiction réalisés pour le grand écran. Quelques sympathiques outsiders – courts-métrages, documentaires ou téléfilms – ont pu s'y faufiler, sous le regard amusé et indulgent de l'auteur, pas dupe ! Le tout sauf erreur ou omission, avec appel (du pied de projecteur) à l'indulgence du lecteur. Cet inventaire spécial *Il était une fois à l'Ouest* a été fait à partir de listes existantes et d'informations issues de diverses sources :

Service cinéma audiovisuel, Conseil régional des Pays de la Loire

Bureau d'accueil des tournages (BAT), Agence régionale-Pays de la Loire Territoires d'innovation

Site internet du département de la Loire-Atlantique

Écomusée de Saint-Nazaire

Archives des villes de Nantes et de Saint-Nazaire

Presse locale

Site internet collaboratif Lieux de tournage : http://www.l2tc.com

Stéphane Chemin

Témoignages de particuliers

Livres : voir la bibliographie

	Titre	Réalisateur	Lieux de tournage			Date de sortie
			Nantes			
1	Jean Chouan	Luitz-Morat	Nantes : château des Ducs		Noirmoutier	1926
2	Le Bateau à soupe	Maurice Gleize	Nantes : vieilles rues du centre-ville, quais de l'Erdre, passage Pommeraye		Trentemoult	1946
3	La Fille perdue	Jean Gourguet	Nantes		Noirmoutier	1954
4	Lola	Jacques Demy	Nantes : rue du Calvaire, rue Kervégan, place de la Petite-Hollande, passage Pommeraye, cafés du quai de la Fosse, quai de la Maison Rouge. La Baule			1961
5	Maléfices	Henri Decoin	Nantes		Noirmoutier	1962
6	Les Parapluies de Cherbourg	Jacques Demy	Nantes			1964
7	Les Baisers (Baisers d'été)	Bernard Toublanc-Michel			Le Croisic, îlot des Evens (au large de La Baule)	1965
8	Le Tonnerre de Dieu	Denys de la Patellière	Nantes, Château du Bois-Chevalier (Legé), Saint-Philbert-de-Grand-Lieu, Saint-Étienne-de-Mer-Morte			1965
9	Adolphe ou l'âge tendre	Bernard Toublanc-Michel	Nantes		Le Cellier, Ancenis	1968
10	Du soleil plein les yeux	Michel Boisrond	Nantes			1969
11	Le Mataf	Serge Leroy	Nantes : café de la Bourse, place du Commerce, quai Wilson, chantiers Dubigeon, passage Pommeraye, Théâtre Graslin. Le Pouliguen, Paris			1973
12	L'Ironie du sort	Édouard Molinaro	Nantes : place Saint-Pierre, rue Mathelin-Rodier			1974
13	Rue du Pied-de-Grue	Jean-Jacques Grand-Jouan	Nantes : avenue Camus, pont Saint-Michel. Paimbœuf, La Chapelle-sur-Erdre			1979
14	La Gueule du loup	Michel Léviant	Nantes : canal Saint-Félix, tour Bretagne, La Cigale, place Graslin, quai de la Fosse, rue Francis-Merlant			1981
15	La Côte d'amour	Charlotte Dubreuil	Nantes		La Baule-Escoublac	1982
16	Une chambre en ville	Jacques Demy	Nantes : rue du Roi-Albert, passage Pommeraye, cours Saint-Pierre, marché du Bouffay, rue Lanoue-Bras-de-Fer			1982
17	Debout les crabes, la mer monte !	Jean-Jacques Grand-Jouan	Nantes			1983
18	Maine Océan	Jacques Rozier	Gare SNCF, Mayenne, Maine-et-Loire, Beaugé, île d'Yeu			1986
19	Soigne ta droite	Jean-Luc Godard	Aéroport de Château-Bougon. Rouans			1987
20	Soleil noir	Christophe Dagobert	Nantes, Machecoul, château de la Tour (Orvault)			1990
21	Jacquot de Nantes	Agnès Varda	Nantes, Mauves-sur-Loire, la Chapelle-Basse-Mer, Pontchâteau, Couëron, Chantenay, Champtoceaux			1991
22	La Reine blanche	Jean-Loup Hubert	Nantes, Trentemoult			1991
23	À cause d'elle	Jean-Loup Hubert	Nantes	La Roche-sur-Yon, pays de Goulaine, Rezé, Le Croisic, La Baule		1993
24	Le Prof	Alexandre Jardin	Nantes		Paris	1997
25	Mercredi folle journée	Pascal Thomas	Nantes			2001
26	La Demoiselle d'honneur	Claude Chabrol	Nantes		Rezé	2004
27	Sauf le respect que je vous dois	Fabienne Godet	Nantes		Angers, Paris	2005
28	Un baiser s'il vous plaît	Emmanuel Mouret	Nantes		Angers	2007
29	Toutes les filles pleurent	Judith Godrèche	Nantes		Piriac-sur-Mer	2009
30	Vénus noire	Abdellatif Kechiche	Nantes : ancien tribunal justice			2010
31	Ni à vendre ni à louer	Pascal Rabaté	Nantes		Le Croisic	2011
32	Les Mouvements du bassin	Hervé-Pierre Gustave	Nantes			2012
33	Passer l'hiver	Aurélia Barbet	Nantes		Carquefou, Rezé, Côtes-d'Armor	2014
34	Le Jardin des caresses	Le Manque	Nantes : jardin des Plantes			2013
35	Midnight Globe	Jonathan Musset	Nantes		Venise, Mont-Saint-Michel	tourné en 2013
			Saint-Nazaire			
36	Les Épaves de l'amour	René Le Somptier		Saint-Nazaire	La Baule-Escoublac	1915
37	Jack	Robert Saidreau		Saint-Nazaire	Indret	1925
38	Les Vacances de Monsieur Hulot	Jacques Tati		Saint-Marc-sur-Mer, Saint-Nazaire		1953
39	Le Bonheur est pour demain (Au bout la soupe)	Henri Fabiani		Saint-Nazaire : quartier Penhoët	Brière	1962

40	Camarades	Marin Karmitz		Saint-Nazaire		1970
41	La Baule-les-Pins	Diane Kurys	Saint-Marc-sur-Mer, Saint-Nazaire	La Baule-Escoublac, Le Pouliguen, La Turballe, Le Croisic, Saint-Brévin, Le Pouliguen, Pornichet		1990
42	Les Arcandiers	Manuel Sanchez		Saint-Nazaire	Bords de Loire	1991
43	Le Poulpe	Guillaume Nicloux		Saint-Nazaire		1998
44	Un monde moderne	Sabrina Malek et Arnaud Soulier		Saint-Nazaire : chantiers de l'Atlantique		2005
45	Vues de la poche	Vincent Douet, Jean Rouaud		Saint-Nazaire		2005
46	La base sous-marine de Saint-Nazaire, entre humanité et barbarie.	Stéphane Chemin		Saint-Nazaire		2007
47	En ville	Valérie Mréjen et Bertrand Schefer		Saint-Nazaire		2010
48	Un poison violent	Katel Quillevéré		Saint-Nazaire	La Baule, Presqu'île de Guérande	2010
49	À l'abri de la tempête (Estuaire)	Camille Brottes-Beaulieu		Saint-Nazaire		2010
50	Samsara	Ron Fricke		Saint-Nazaire		2013
51	Les Rencontres d'après minuit	Yann Gonzalez		Saint-Marc, Saint-Nazaire	Les Mauges	2013
			Nantes et Saint-Nazaire			
52	Les Eaux dormantes	Jacques Tréfouel	Nantes : quai de la Fosse	Saint-Nazaire	Brière, Guérande	1992
53	Les Joueurs	Régis Noël	Nantes	Saint-Nazaire : centre-ville, base sous-marine		1993
54	Tournée	Mathieu Amalric	Nantes	Saint-Nazaire	Paris	2009
55	La Mer à l'aube	Volker Schlöndorff	Nantes	Saint-Nazaire	Préfailles, Lavau-sur-Loire	2013
			Alentours, environs, ailleurs…			
56	La Lutte pour la vie	René Leprince				1914
57	Les Trois Mousquetaires	Henri Diamant-Berger			Le Croisic, Guérande, Saillé, Batz-sur-Mer	1921
58	Altemer le cynique	Georges Monca et Maurice Keroul			La Baule-Escoublac, Le Pouliguen	1924
59	Le Gardien du feu	Gaston Ravel			Le Pouliguen	1924
60	La Brière	Léon Poirier			Saint-Joachim, Brière	1926
61	La Glu	Henri Fescourt			Guérande, Le Croisic	1927
62	La Roche aux mouettes	Georges Monca			Le Pouliguen, Studios Éclair	1933
63	Les Trois Mousquetaires	Henri Diamant-Berger			Le Croisic, Guérande, Saillé, Batz-sur-Mer	1933
64	L'Homme du jour	Julien Duvivier			La Baule-Escoublac, Saint-Joachim	1936
65	La Glu	Jean Choux			Le Croisic	1937
66	Au royaume des cieux	Julien Duvivier	Bords de l'Acheneau et du lac de Grand-Lieu, Saint-Mars-de-Coutais, entre Cheix-en-Retz et Rouans, Vue, Saint-Lumine, Passay, Pont-Saint-Martin			1949
67	Sous le ciel de Paris	Julien Duvivier			Pont-Saint-Martin	1951
68	Les Révoltés de Lomanach	Richard Pottier			Brière, Guérande, La Baule-Escoublac	1953
69	Casse-cou, Mademoiselle	Christian Stengel			La Baule-Escoublac	1955
70	Le Sabotier du Val-de-Loire	Jacques Demy			La Chapelle-Basse-Mer	1955
71	Ô saison, ô châteaux	Agnès Varda			Les Folies Siffait	1956
72	Adorables démons	Maurice Cloche			La Baule-Escoublac	1957
73	Pleins feux sur l'assassin	Georges Franju			Château de Goulaine, château de la Bretesche à Missillac	1961
74	Hardi Pardaillan !	Bernard Borderie			Château de la Bretesche, Missillac	1964
75	La Presqu'île	Georges Luneau			Presqu'île Guérandaise, La Chapelle-Launay, Savenay	1986
76	Le Grand chemin	Jean-Loup Hubert			Rouans	1987
77	Caillotte	Vincent Malandrin			Loire	1989
78	La Révolte des enfants	Gérard Poitou-Weber			Château de la Motte-Glain (Chateaubriant), île d'Yeu	1991
79	Méchant garçon	Charles Gassot			Pornichet	1992
80	L'Affaire Seznec	Yves Boisset				1993
81	La Partie d'échecs	Yves Hanchar			Préfailles, Clisson	1994
82	Priez pour nous	Jean-Pierre Vergne			La Baule-Escoublac, Pornichet	1994
83	Marthe ou la promesse du jour	Jean-Loup Hubert			Guérande, Le Croisic	1997
84	Ça n'empêche pas les sentiments	Jean-Pierre Jackson			La Baule	1997
85	Le Soleil au-dessus des nuages	Éric le Roch			La Baule	2000
86	Le Peuple migrateur	Jacques Perrin, Jacques Cluzaud, Michel Debats			Brière	2001
87	Quinze août	Patrick Alessandrin			La Baule	2001
88	Son frère	Patrice Chéreau			Le Croisic	2003
89	Cherche fiancé tous frais payés	Aline Issermann			Batz-sur-Mer	2007
90	Les Plages d'Agnès	Agnès Varda			Noirmoutier	2008
91	La Conquête	Xavier Durringer			La Baule, Yvelines, Paris	2011
92	Qui vive	Marianne Tardieu			Guérande, Rezé	2013

Remerciements

Mes remerciements les plus chaleureux sont adressés à ceux qui m'ont aidé et soutenu dans la réalisation de cet ouvrage et principalement Aude Tournoux avec laquelle j'ai collaboré depuis la genèse du projet : ne comptant pas ses heures, travaillant avec rigueur et méthode, dans la bonne humeur et avec un professionnalisme exemplaire.
Je remercie les villes de Nantes et de Saint-Nazaire et tout particulièrement Jean-Louis Jossic, Dominique Coffin et Nathalie Poux.
Je remercie chaleureusement Alain-Pierre Daguin et son complice Yves Aumont, Yannick Pasquet et tous les auteurs de livres sur le cinéma dans la région qui ont bien voulu apporter leur contribution à ce modeste projet.
Mes remerciements personnels vont aux proches qui m'ont aidé d'une manière ou d'une autre pour mener *Il était une fois à l'Ouest* à bon port : Valentine, Sébastien, Léa, Patricia et, bien sûr, Spoon.
Je remercie tous les passionnés de cinéma, habitants amoureux de leur ville, figurants d'un jour, qui ont gentiment répondu à notre appel à témoins et généreusement partagé leurs anecdotes, photos et souvenirs.

Pour avoir mis à ma disposition un peu de leur temps, des archives ou leurs connections personnelles, m'avoir accordé l'autorisation de reproduire des images, raconté leurs souvenirs de tournage ou livré des informations :

Loïc Abed-Denesle
Enlil Albanna
Archives de la ville de Nantes
Archives de la ville de Rezé
Archives de la ville de Saint-Nazaire
Archives départementales de Loire-Atlantique
Association des cinémas de l'Ouest pour la recherche (ACORD)
Association ligérienne des réalisateurs techniciens (ALRT)
Association des producteurs audiovisuels des Pays de la Loire (APAPL)
Yves Aumont
Aurélie Barbet
Jean-Pierre Berthomé
Lucette Blanchard
Roger Bréhin
Joël Briand
Éloi Brignaudy
Bureau d'accueil des tournages (BAT), Agence régionale-Pays de la Loire Territoires d'innovation
CCP de Saint-Nazaire (Centre de culture populaire)
Centre d'histoire du travail de Nantes (CHT)
Octave Château
Joseph Chauvet
Stéphane Chemin
Philippe Chesné
Hélène Chevré, Association Makiz'art
Ciné-Tamaris
Jean-Yves Coïc
Jean Coindet
Maryse Colette
Alain-Pierre Daguin
Écomusée de Saint-Nazaire
Éditions Amalthée
Rémy Ehlinger
Jean-Paul Fâché, Pôle historique d'Indret, DCNS
Mino Fraboul
Fred Franceschinis
Jérémy Gabard
Franck Gilbert
Marianne Gosset
Marc Guillon
Mijanou Guillon
Yola Hamon
Jean-Bernard Hunault
Frédérique Jamet
Pierre Joubert
La Cigale
La Cinémathèque française
Le Fanal
Le Manque
Guillaume Lecaplain
Les Canards sauvages
Les Films de mon oncle
Claude Lumineau
Dominique Macel
Stephan Ménoret
Tony Molière
Jonathan Musset
Régis Noël
Noodles Production
Organisation des professionnels du cinéma et de l'audiovisuel ligérien (OPCAL)
Stéphane Pajot
Catherine Parmentier, Association Indre Histoire d'Îles
Yannick Pasquet
Marc Picavez
Denis Pihoué
Jean-Serge Pinault
Vincent Pouplard
Élodie Rabergeau
Richard Rambaud
Revue 303
Guillaume Richard
Lucette Richard
Marc Roger
Philippe Ruault
Yves Ryo, Association Culture loisirs, Saint-Marc
Service cinéma audiovisuel, Conseil régional des Pays de la Loire
Gilles Tartrou
Régis Tertrais
Jacky Tixier
Agnès Varda

Bibliographie

Bretagne et cinéma, Jean-Pierre Berthomé, L'Atalante Éditions, 1998.
La Belle Époque du cinéma et des fêtes foraines à Nantes 1896-1914, Frédéric Monteil, Ouest Éditions, 1996.
Le Cinéma en Bretagne, Tangui Perron, Éditions Palantines, 2006.
Les Jours de fête de Jacques Tati, Stéphane Pajot, Éditions D'Orbestier, 2006.
Les Lumières de la ville, Yves Aumont et Alain-Pierre Daguin, L'Atalante Éditions, 1995.
Les Vacances de Monsieur Tati, Stéphane Pajot, Éditions D'Orbestier, 2003.
« Nantes et le 7e art », Loïc Abed-Denesle, *Nantes Passion* n° 182, 2008.
Revue 303 – Arts recherches et créations, Hors-série « Jacques Demy », n° 115, 2011 – n° 92, 2006.
Souvenirs de mon oncle, Jean Rouaud, Naïve, 2009.

Les citations, quand elles ne sont pas attribuées au fil du texte, sont extraites d'articles de presse consultés aux Archives des villes de Nantes et de Saint-Nazaire, de sites internet, de blogs et de livres.

Crédits photographiques

Compte tenu du très grand nombre d'illustrations et de sources, toute erreur concernant les crédits photographiques serait involontaire.

© Thierry Weber : pp. 4,5

Les Vacances de Monsieur Hulot de Jacques Tati (1953) © Les Films de Mon Oncle - Specta Films C.E.P.E.C. : 140-143-144,145-146-147-148-149-151-152-153

Collection Régis Tertrais/DR : 150

Collection CCP/DR : 243

Leo Weisse © 1993 ciné-tamaris : 80

Moune Jamet © 2008 ciné-tamaris : 45-73-162-163

© Ciné Tamaris : 50-60-66-68-69-95-158,159-225

© Agnès Varda : 58-59-61-62,63-64,65.

© Alain-Pierre Daguin : 26-28 (haut,milieu) -32-36-38,39-40-41-75-79-164,165-188-189-219-222-223

DR : 8-10-11-12-13-14,15-16-17-20-21-22,23-24-25-28(bas)-31-70-76-77-81-85-86-91-92,93-102-106-107-108,109-110,111-112-113-114-115-116-120-121-122-125--126,127-135-136-137-138-139-154-157-160-161-166-167-168-169-170-171-172-175-176-177-182-183-194,195-206-207-210-211-244-2456-250

Philippe Ruault © Ville de Rezé : 94-128-129

© Marc Picavez : 113

© Éloi Brignaudy : 118-132

© Vincent Pouplard : 119-133

© Dominique Macel, ville de Saint-Nazaire : 117-196-197-204-205

© Élodie Rabergeau : 209

© Gilles Tartrou : 84-178-179-180-181-208-224

© Coll. Marcelle Berné, CHT (Centre d'histoire du travail), Nantes : 18-19

© Coll. Simone Leray, CHT (Centre d'histoire du travail), Nantes : 29

© Cliché Hélène Cayeux, CHT (Centre d'histoire du travail), Nantes : 46, 47

© Hélène Cayeux, collection particulière : 54, 55-67

© Jacky Tixier : 200

© Capricci-Sébastien Multeau : 201

© P.B Fourny-Région PDL : 202,203

© Jean Coindet : 44-53-56,57-130,131-157

© Mino Fraboul : 37-42-43-

© Jonathan Musset : 236-237-238-239

© Les Canards Sauvages DR : 48-49, 98-99

© Noodles Production : 226-229-232-233

© Philippe Chesné : 96-97-134

© Régis Noël : 234, 235

© Régis Routier, ville de Nantes : 213

© Stephan Ménoret, ville de Nantes : 30-190,191-198,199,212-214,215-251

© Yannick Pasquet : 78-82-83-100,101-184-192-193-216-221-231

© William Jezequel : 240-249

© Philippe Caharel : 246-247

Couverture, photographie de tournage Lola par Agnès Varda : © Agnès Varda

Éditions Coiffard
8, rue de la Fosse
44000 Nantes

Production d'ouvrage : Grand Large Émotion 231 E traverse d'Engance, 30000 Nîmes
E-mail : granlargemotion@gmail.com
Direction d'ouvrage et réalisation : Antoine Rabaste
Textes : Antoine Rabaste, avec la participation de Aude Tournoux, Alain-Pierre Daguin, Yannick Pasquet
Conception graphique et photogravure : Élisabeth Dauban
Relecture et corrections : Henri Taverner, Aude Tournoux

Achevé d'imprimer
GN Impressions - 31340 Villematier
Email : gnimpressions@wanadoo.fr
Dépôt légal : novembre 2013
Imprimé en France